# YA NO ME GUSTA
La experiencia emocional de vivir 6 meses
SIN redes sociales
**Nacho Caballero**
www.nachocaballero.com

*Dedicado a mi familia, mi red social favorita.*

# ÍNDICE KINDLE

# PRÓLOGO-1

La gota que colmó el vaso llegó el 19 de diciembre de 2018. Aquel día quedé con unos compañeros de trabajo para tener una comida de Navidad alternativa a la "oficial". Me sobraba tiempo y estuve dando un paseo por el centro de Madrid, decorado para esas fechas tan entrañables.

Fue entonces cuando entré en uno de los lugares favoritos de mi chica: *La Central*. Una librería situada junto a la plaza de Callao y que es como la *FNAC* de nuestros días. La pobre *FNAC*, en cambio, ha derivado en un *Media Markt* más para tontos que para listos.

*La Central* ha resucitado el gusto por los libros y la distribución de los mismos tiene un trabajo por detrás repleto de esmero. En la increíble entrada que tiene fue donde encontré un libro que me llamó poderosamente la atención:

*Diez razones para borrar tus redes sociales de inmediato*, del autor Jaron Lanier.

La lectura del índice fue como repasar un catálogo de sensaciones que identificaba en mí de forma inapelable: falta de empatía, idiotez, infelicidad, malgasto de tiempo y dinero, desencanto, y mentiras. Todas esas palabras fueron tiroteando mi ego como si estuviera colocado contra el paredón de la evidencia.

En ese momento, recibí un *WhatsApp* en el que uno de los convocantes de la comida me decía que iban a tardar un rato en llegar. Esto me imposibilitó quedarme a comer puesto que debía recoger a mis hijos a la salida del colegio. Reconozco que me supo a cuerno quemado.

Le contesté que, después de una hora dando vueltas, no podía esperar más. Al otro lado la respuesta fue un:

- *"Como veas"*.

Sentí que esa forma de comunicarnos era una mierda. Mi indignación era una mezcla derivada del "plantón" sufrido y de lo que había leído en el libro. Al final no me lo compré, creo que por miedo a leer algo incómodo.

Dediqué mi Navidad a la promoción y publicación de mi segundo libro a través de *Amazon*. El título: "NO SOY EL TÍPICO" (*NSET* a partir de ahora.)

Durante todo ese proceso, no dudé en usar mis redes sociales para bombardear a todo el mundo con el anuncio de su publicación. También para gritar a los cuatro vientos que tal día era gratis descargarlo o que había una promoción de no sé qué.

Fui repasando los contactos de mi teléfono para que nadie se quedara sin saber que había publicado mi libro y que podía descargarlo por 2,99€ en *Amazon*.

*WhatsApp* se convirtió en una metralleta de mensajes masivos sin cuartel. Incluso un viejo conocido, J.G., me dijo:

*- Enhorabuena por el libro.*

*- De enhorabuena nada, léelo y déjame una reseña en Amazon ;-)*

Ejemplo cristalino de que estaba en un punto álgido de mi problema con las redes sociales.

Aquel libro de *La Central* había colmado el vaso de un proceso que llevaba años madurando. O como diría Bunbury:

  *...todo arde si le aplicas la Chispa adecuada.*

# PARTE UNO

## 30 DÍAS

*Los directivos de Silicon Valley llevan a sus hijos a escuelas analógicas.*

Jaron Lanier

## DÍA 1. FACEBOOK Y TWITTER
### El libro

Hoy por fin he conseguido el libro de Jaron Lanier en la Biblioteca de la Calle Quintana en Madrid. Reconozco que llevo más de dos años disfrutando de las ventajas de coger libros que me interesan en las Bibliotecas Públicas; es ecológico, práctico y te los lees de verdad en un mes.

Anteriormente lo había intentado tomar prestado de la biblioteca, pero me habían aplicado una penalización por haber entregado tarde uno anterior: *Momo*. Un libro que habla de ladrones del tiempo. Como anillo al dedo.

Intenté saltarme la prohibición de tomar el libro prestado usando el carnet infantil de mi hijo Óliver y, posteriormente, el de mi chica. En ambos casos me denegaron el uso del carnet de otras personas para que yo tomara libros prestados. Eso me hizo sentir irascible y frustrado.

¿Cómo podía ser que, en tiempos de *Comprar en un Clic*, tuviera que esperar una semana para poder coger los libros que quisiera? Un síntoma más de lo que estaba a punto de leer esa misma tarde.

---

[1] Momo es una novela escrita por Michael Ende, publicada en 1973 y subtitulada Los caballeros de gris o Los hombres de gris. Trata sobre el concepto del tiempo y cómo es usado por los humanos de sociedades modernas. Wikipedia

Aquel primer viernes de febrero comencé a leer las páginas en detalle de un libro largamente anhelado. La espera no me ha importado porque he estado muy liado estas semanas dando la vara a la gente con la publicación de *NSET*.

Mientras avanzo en la lectura del libro de Lanier, me voy dando cuenta de las dimensiones que tiene el fenómeno de las redes sociales en la modificación del comportamiento colectivo.

Para no caer en el fenómeno conspiranoide, el autor hace un esfuerzo encomiable en ilustrar con muchísimos ejemplos y estudios psicológicos conductuales basados en recompensas y castigos. Todo con el fin de demostrar que, en un momento dado, las redes sociales podían haber sido de pago y de calidad (como *Netflix* o *HBO*), pero se optó porque fueran gratis y mediocres con publicidad. Para mediocres también.

## La idea de INCORDIO

Este libro que estás leyendo no pretende convencerte de nada en relación a tus redes sociales.

No me extenderé más en contarte el contenido del libro de Lanier y solamente quiero apuntar un concepto que adoptaré a partir de ahora: INCORDIO. A lo largo de estas páginas, usaré esa palabra para englobar todas las redes sociales cuyo modelo de negocio se basa en que el producto sea el usuario y el contenido que sube a internet de forma "altruista".

Mientras avanzaba en la lectura me iba dando cuenta de hasta qué punto me había comportado como un necio en relación a la publicación y difusión de mi libro, NSET, en *Amazon*. Aparte del diálogo que he recordado hace un par de páginas, también he observado que toda la estrategia para publicarlo y rentabilizarlo en *Amazon* ha formado parte de INCORDIO ¡qué palabra tan buena para ilustrar lo que habrá sentido más de uno de mis contactos en relación a mi libro!

Me embarqué en una dinámica de seguir al pie de la letra las indicaciones de la *influencer* Ana Nieto y su proyecto "Triunfa con tu libro". Todo un manual que sirve para hacerte creer que, si sigues los pasos, podrás vivir de publicar tus libros. El enésimo cuento de la lechera.

Sumido en estos pensamientos sobre mi libro recién publicado, es cuando me ha asaltado una triple duda:

*¿De verdad vas a borrar tus redes sociales cuando tienes dos presentaciones de tu libro en sendas librerías el día nueve y dieciséis de este mes?*

*¿No crees que si haces eso las presentaciones serán un fracaso y no se presentará ni Blas?*

*¿De verdad que no te puedes esperar un mesecito para este ataque de dignidad digital tan potente como inoportuno?*

Sí. A veces me gustaría tener una mente más simplona.

La respuesta a todo eso no me ha hecho cambiar de opinión y sigo adelante con mi idea. Creo que hay muchas otras fórmulas y más efectivas para invitar a gente a actos sociales. Para empezar, decírselo solamente a gente que realmente me tiene aprecio y creo que le puede apetecer acudir. Y de esas personas tengo su teléfono o correo electrónico. No solo su cuenta de *Facebook*, *Twitter* o *Instagram*.

Con esa premisa en relación a la promoción de mi libro, he seguido leyendo el de Lanier y profundizando en mi convicción.

## La punta del iceberg

A medida que avanzaba mi lectura he sentido que las piezas comenzaban a encajar. Tener la certeza de que muchas de las cosas que he vivido y sentido en mi cuerpo y mente durante los últimos años, encuentran una explicación plausible en las páginas que no he podido parar de devorar durante el día de hoy.

Me refiero a episodios ocasionales de irritabilidad, falta de empatía, sensación de día de la marmota al escuchar las noticias, falta de tiempo y fenómenos político-sociales inexplicables. Pero sobre todo, esa sensación de incomunicación personal que, al principio, pensé que era cosa mía y Lanier me ha convencido de que No. Aunque es mi responsabilidad cambiarlo.

Cierro el libro y me he dirijo a mi ordenador. Pregunto a *Youtube* sobre cómo eliminar mis redes sociales de forma efectiva. Descubro en uno de los primeros vídeos que, tanto en *Twitter* como en *Facebook*, hay posibilidad de descargar previamente el contenido que tienes en ellas antes de elegir entre dos opciones: desactivar o eliminar definitivamente.

### Twitter

Entro en *Twitter* y pienso en aquel año 2010 en el que comencé a usarla. Había realizado varios intentos de reenfocarla para reforzar mi *Marca Personal*, pero la sensación final ha sido que me ha reportado pocos beneficios.

He sentido claramente que, en gran medida, *te sigue* a quien sigues por reciprocidad. Reforzando esa idea de "win win" que se paga en "visibilidad"; que por cierto,

¿dónde cotiza?

Las personas que realmente se han comunicado conmigo a través de esa red no son ni la décima parte de mis seguidores: 945. Mi cota más alta.

Sin bajarme ninguna copia de nada: "Eliminar cuenta". Dispongo de 30 días para arrepentirme. Si me vuelvo a "loguear" todo volverá a su estado original. Esto me suena. Ya lo he hecho en el pasado, pero no había resistido ni una semana antes de volver al REDIL.

¡Qué palabra tan adecuada!

## Facebook

Hago lo mismo. Tampoco hago copia de nada de lo subido a esta red social en casi una década. No creo que haya nada que no tenga en algunas de mis copias de seguridad de mis sucesivos *Smartphone*.

También reconozco que paso por lugares ya transitados. *Facebook* me hace el chantaje emocional habitual: *Pepi, Luci y Bom*² van a echarme de menos un montón. Esto ya lo había experimentado cuando había intentado borrar mi perfil con anterioridad.

---

² Esta expresión hace referencia a la película que Pedro Almodóvar estrenó en 1980 con ese título.

Lo que siempre me había frenado era el hecho de que tenía vinculadas a mi perfil diferentes *Fan Page* de ideas de negocio. Ahí estaban las páginas de:

*monologosapiens, dialogosapiens, luegodecisquedigo* y *sindivan*.

Las dos primeras sobre mi actividad actual, la segunda sobre mi libro publicado en 2014 y la tercera sobre un proyecto de mi chica que hace tiempo que está en hibernación: no ella, sino el proyecto. Los beneficios tangibles de aquellas páginas han sido más que dudosos. Sé que la eliminación de mi perfil hará que esas páginas también mueran.

Dispongo de treinta días para arrepentirme. Si me vuelvo a "loguear" todo volverá a su estado original. Esto me suena. Ya lo he hecho en el pasado, pero no había resistido ni una semana antes de volver al redil.

Sí. Es un *copiar-pegar* del párrafo anterior. Es mi pequeño homenaje a lo que leemos en redes sociales. Los mismos mensajes una y otra vez. Sin valor añadido. Hace poco leí que "internet es un océano de conocimiento de un palmo de profunidad". Qué frase tan buena.

Al borrar mi página no me sale el mensaje de que mis *Fan Pages* morirán con mi perfil. Ha sido entonces cuando me he acordado de que hace unos meses, cuando tuve mi última tentación de salida de las redes sociales, di vida a un perfil alternativo y "secreto" que mantenía el control de mis páginas de *Facebook*.

Buscado, encontrado y también eliminado. No puede haber testigos.

**30 días. La cuenta atrás.**

Esa cifra es la que ha dado lugar a lo que tienes delante de tus ojos. Escribir un libro durante estos 30 días en forma de diario.

Lo publicaré en *Amazon* pero de una forma diametralmente opuesta al anterior. Sin bombo ni platillo. Simplemente escribirlo, editarlo y subirlo a la plataforma sin que nadie lo sepa previamente. Una forma de demostrarme a mí mismo que, con el tiempo ahorrado en mirar y esta pendiente de las redes sociales, puedo escribir un libro que sea testigo de mi experiencia.

Todavía no tengo claro si durante estos 30 días me abstendré de publicar nada en mi blog o en *Linkedin*. ¿En *Linkedin*? Sí. De momento no la considero parte de INCORDIO. Pero como esto es en directo, esta idea puede cambiar en cualquier momento.

Hasta mañana.

## DÍA 2. GRUPOS DE WHATSAPP
**Nacho salió del grupo**

- *¿Por qué se va?*

- *Solo falta que se quite de las redes sociales por el libro ése.*

- *¿Se habrá equivocado?*

- *Es 100 veces más activo que yo, que no se vaya.*

- *Esto es raro. Bueno, ya se sabrá la respuesta.*

Estas son las reacciones reales que se produjeron hoy nada más salirme de un grupo de *WhatsApp*. Concretamente del que comparto con mis compañeros de *Toastmaster*[3] una escuela de oratoria y liderazgo en la que estoy aprendiendo a mejorar mis habilidades y que recomiendo a todo el mundo.

Siento vértigo porque no sé cómo van a reaccionar este martes cuando nos veamos en una nueva sesión de trabajo.

---

[3] Toastmasters International es una organización mundial no lucrativa de comunicación y liderazgo. A través de clubes, los miembros de Toastmasters practican la comunicación oral y el liderazgo. Su presencia data de 1924, y durante estos 94 años, se ha extendido a lo largo de los 5 continentes.

Reconozco que soy afortunado porque estoy en pocos grupos de *WhatsApp* y ninguno de ellos es agotador. Salvo cuando es el cumpleaños de alguno del grupo y hay un goteo permanente de felicitaciones durante todo el día.

Considero que *WhatsApp* es una red social más que hace su aportación a INCORDIO y empobrece la comunicación entre las personas.

La idea que Lanier comenta en su libro del "modo manada" y el "modo lobo solitario" son muy interesantes de analizar. Al estar en un grupo de *WhatsApp* el sentido de pertenencia a esa manada perjudica la relación entre sus miembros. Porque lo habitual es que un mensaje que pongas en ese grupo, será enterrado a los pocos minutos por otro que le robe el protagonismo. Es como *Twitter* pero con participantes limitados.

Las reacciones a mi salida del grupo de *Toastmaster (TM)* no se hicieron esperar.

Por un lado, me escribió mi amiga Raquel que fue la que me envió el pantallazo con los comentarios del comienzo de este episodio. Por otro, me escribió Nicole, una de las mejores personas que he conocido en ese grupo y que creo que teme que sea el comienzo de mi abandono del grupo también en la vida real. Nada más lejos de mi intención. En tercer lugar, me ha escrito una compañera que no da puntada sin hilo, que hacía mil años que no me escribía un mensaje directo por *WhatsApp*. Ella es de las que se pregunta si se trata de un error.

No. Ha sido un acierto.

## ¿Qué siento que pierdo?

Me sorprendo explicándome a mí mismo lo que siento cuando me he salido de ese grupo de *WhatsApp*. Cómo hacer compatible dentro de mi cabeza que no ha sido porque tenga ningún problema con ellos ni me haya mosqueado. Se trata de reivindicar mi derecho a no estar. Tener la posibilidad de ser honesto y no ser como la mayoría de la gente que tiene los grupos silenciados por un año y no se atreve a salir de ellos. De locos.

Otro de los pensamientos que me asalta es todo aquello que me voy a perder por no estar en el grupo. Por ejemplo, ese evento del cinco de marzo tan importante y del que se va a estar comentando muchas cosas en el grupo. Un evento que pasará sin pena ni gloria. Al tiempo.

También me perderé la difusión de las fotos que nos hacemos los martes tras cada sesión a modo de *selfie* y que terminan en el carrete de *Mr. Diógenes*.

## Egos y morales

¿Qué estaba sucediendo en el grupo de *Toastmaster* *(TM)* en el momento en el que me fui? Estaban hablando de que el organizador de la charla *TEDx* en Málaga era un antiguo miembro de TM y que era un "mega crack".

Como he dicho antes, una de las características de los grupos de *WhatsApp* es que se convierten en un juego de tronos. Una competición de *prime time* permanente, en el que se compite por tener la atención de los demás y conseguir el mayor número de reacciones.

Yo mismo he vivido en ese grupo el haber subido mi ego en forma de mensaje y, a los pocos minutos, ver cómo otra persona imponía el suyo relegándome a un olvido casi instantáneo.

Esto no es una crítica destructiva al grupo de *TM*. Simplemente es una reflexión que rompe con el *Matrix* emocional en el que siento que he estado sumergido todo este tiempo. Es lo que sucede en todos los grupos de esta red social, cuyo combustible es el ego de sus participantes.

Me enfrento al reto de ver cómo son mis relaciones en la vida real con los miembros de un grupo del que me he ido. Aunque no siento que haya abandonado a nadie.

Hasta mañana.

## DÍA 3. INSTAGRAM
**Eliminar cuenta**

Hoy me he levantado a las siete y media después de otra eterna Gala de los *Premios Goya*. Han premiado a *Campeones*.

Hacía mucho tiempo que no *tuiteaba* ni una sola palabra sobre la ceremonia. Esas palabras que eran enterradas una detrás de otra rascando algún *Me Gusta* o *retuiteo* esporádico.

Acabo de desayunar, he encendido el ordenador y en *Google* he buscado: "cómo eliminar mi cuenta de *Instagram (IG)*". Nada de desactivar. Rápidamente lo he encontrado y he ido directo a mi cuenta: "soynachocaballero".

He seguido los pasos escrupulosamente y he eliminado mi cuenta por completo. Esta vez no hay anestesia de que dentro de 30 días se eliminará por completo. Mi cuenta ha desaparecido para siempre.

Reconozco que, tras más de quinientas publicaciones y casi trescientos seguidores, me ha dado un poco de "yuyu", pero no el suficiente como para no hacerlo.

La siguiente ha sido mi cuenta en esta misma red social bajo el nombre: "monologosapiens". Una cuenta que llevaba una buena progresión de aumento de seguidores. Ha sido eliminada de la misma manera: sin anestesia.

¿Estaré destrozando mi negocio de formación, charlas y monólogos personalizados por la desaparición de mis redes sociales? Cada vez tengo más claro que No.

Lo que hacía en ese perfil de *IG* era publicar en bucle unas ciento cincuenta fotos y vídeos de diferentes bodas en las que había trabajado. Poniendo textos más o menos ingeniosos y copiando los *hashtags* que tengo configurados en *Keep*: mi aplicación de notas.

El efecto solía ser unos cuantos *Likes* y algún comentario esporádico. Pero ni rastro de que ninguno de mis clientes haya llegado por esa vía. Algún experto en marketing digital me dirá que lo que hacen las redes sociales no es traer clientes, sino dar visibilidad. Otra vez la intangible.

El resto del día he estado pensando en el salto al vacío que ha supuesto el borrado de mis cuentas en *Instagram*. Esta vez no puedo pensar que puede haber marcha atrás. En ambas cuentas he eliminado mi presencia en esa red social que, si lo pienso fríamente, lo único que me ha aportado es tiempo de *voyeurismo* banal. También de ver cómo la mayoría de los "Me Gusta" de mis publicaciones, se producían a los pocos segundos de publicarlas y efectuados por gente de habla portuguesa.

Todo muy auténtico.

El último paso ha sido eliminar la *App* de mi teléfono móvil. Asegurándome de que las fotos que había subido permanecieran en la memoria del teléfono. Por alguna estúpida razón sigo pensando que tienen valor unas fotos que están duplicadas con respecto al carrete original de mi móvil, que a su vez tiene una obesidad mórbida descomunal y que adolece de un síndrome de Diógenes en forma de fotos amontonadas.

Nos vamos a extinguir.

**Welcome to the real world**

La tarde la hemos pasado en casa de unos amigos cuyas hijas van al mismo cole que nuestros hijos. Es reconfortante hablar del tema de las redes sociales con gente que no las tiene. Es como descubrir, de pronto, que quizá no sea ni tan rompedor ni tan inusual el tener una vida más analógica. Paradójicamente, estos amigos tienen la casa repleta de libros… de buenos libros. En las paredes de su casa también se puede apreciar arte de diferentes estilos.

Mi mente perversa ha relacionado la ausencia de redes

sociales con gente culta que no necesita seguidores. Aunque pienso que nadie está a salvo de ser atrapado por las redes y que, hasta el más pintado, puede volverse idiota por culpa de INCORDIO.

Mañana es lunes y creo que comienza de verdad mi nueva vida alejado del mundo de las redes sociales. En las que en los últimos años he publicado del orden de nueve a doce mensajes diarios por diferentes canales, gracias a herramientas de automatización como *Buffer, Blogsterapp o Hootsuite*. También he eliminado mi cuenta de esas aplicaciones.

¿Lo notará alguien?

Esta pregunta delata mi dependencia.

Que descansen en paz.

Tú también.

## DÍA 4. SILENCIO

Me he levantado a la hora de siempre. He puesto la cafetera mientras los demás duermen. Disfruto de este momento íntimo en el que, a solas con mis pensamientos, pienso en afrontar esta semana sin estar dentro de las principales redes sociales.

Esta semana me estreno como colaborador en *Emprendeterapia*. También este sábado presento mi libro en una librería superchula cerca de nuestra casa: *Liberespacio*.

Sin redes sociales para difundirlo.

**Fomo**

Hoy he tenido esta conversación por *WhatsApp* con uno de mis compañeros de *Toastmaster*:

*[10:24, 4/2/2019] M.A. Toastmaster: Te has ido del grupo o qué?*

*[16:15, 4/2/2019] Nacho Caballero: Si. Pero que no cunda el pánico. No es nada personal... que la tire Epi*

*[16:15, 4/2/2019] Nacho Caballero:* 😔

*[16:25, 4/2/2019] M.A. Toastmaster: Bueno tú sabrás*

*[16:26, 4/2/2019] M.A. Toastmaster: No te vas a enterar de lo bueno*

Esta conversación es con M.A., uno de los miembros de TM, que sigue sin encontrar una explicación a mi salida del grupo. Lo que me gusta de este intercambio de mensajes es mi manera de intentar quitarle hierro al asunto. Es como si quisiera ser amable y ocultar los motivos tangibles que he explicado en el anterior capítulo. Como si necesitara dejar de explicar que las conversaciones de ese grupo, como con las de casi cualquier otro, hacen un flaco favor a las relaciones interpersonales de los miembros del mismo.

Lo primero que ha provocado esa salida del grupo, ha sido que la gente de forma individual me escriba. Aunque sea a través de *WhatsApp*. Aquí no hay ninguna posibilidad de que los mensajes sean enterrados en una montaña sucesiva de palabras que generan mucho ruido y poquísimas nueces.

Otra de las cosas que me ha gustado de la breve conversación con M.A. es lo que me dice al final:

*- No te vas a enterar de lo bueno.*

Lo que encaja perfectamente con la idea de FOMO: "fear of missing out". O lo que es lo mismo y para los de la *E.G.B*: "miedo a estar fuera de onda o perderse cosas". Una necesidad constante de estar pendiente de diferentes canales de redes sociales por si te mencionan o se cuenta algo que debas saber. Hay tropecientos mil artículos sobre este tema en internet copiados y pegados en bucle. Pregúntale a *Google*.

## Emprendeterapia

Me ha escrito Patricia a media tarde para decirme que se había publicado mi primer *post* en el *blog* de la página *web* que ha creado junto con Amaya y Arantxa. Tres chicas muy majas con las que hace semanas compartí un encuentro de emprendedores del que adquirí grandes ideas.

Ese primer post en colaboración con ellas es el que inaugura el *blog* de su página *web*. Todo un honor que se "paga" con visibilidad.

Patricia me ha dicho que me ha intentado etiquetar en *Facebook* al publicitarlo y no me ha encontrado. Angelito. Yo he contestado que estoy en una fase *Détox* de redes sociales.

**¿Fase *Détox*? Qué mierda es ésta.**

---

[1] La Educación General Básica es el nombre que recibe el ciclo de estudios primarios obligatorios en varios países. En algunos, como España y Argentina se trata de un sistema educativo antiguo que ya ha sido sustituido por otros

Esta idea me la dio Esther, una compañera de *TM*. Descubrí que hay un punto intermedio entre estar en todas las redes sociales y el hecho de pasar por un proceso *Détox* que, como su propio nombre indica, consiste en pasar una temporada alejado de las redes sociales para luego volver con ideas renovadas y un nuevo enfoque.

No me veo en ese momento pero tampoco quiero decir que "de esta agua no beberé"[5]. Recordemos que llevo cuatro días fuera de dos redes sociales y que, hasta el dos de marzo, no van a borrar mi cuenta definitivamente.

Para terminar el día de hoy quiero contarte que, en el *blog* de *Emprendeterapia,* ha escrito una chica que se ha quedado encantada con lo que ha leído y que, sin pensárselo dos veces, se ha comprado mi libro *NSET*. Sin coacciones.

Esto me ha hecho pensar que al final quizá se trate de eso. Dedicarme a lo que se me da realmente bien que es escribir contando historias. Quizá la clave esté en que las redes sociales de otros me den visibilidad sin que yo pierda el foco de lo realmente importante.

---

[5] Expresión extraída de un refrán castellano.

**Tus noticias diarias**

Desde hace años tengo activadas mis Alertas de *Google* con diferentes temas: psicología positiva, hablar en público, inteligencia emocional, *stand up comedy*, conciliación laboral y un largo etcétera.

Hace tan sólo unos días le conté muy emocionado a Fátima, mi chica, que había descubierto cómo conseguir que solamente me llegara un email con todas las Alertas agrupadas. Era como haber conseguido la cuadratura del círculo; "fíjate qué bien, así puedo difundir los contenidos por las redes sociales en un periquete".

Pero qué contenidos ni que ocho cuartos.

Hoy me he dado cuenta al ver el boletín de las Alertas, que los contenidos son las mismas banalidades de siempre:

- *13 claves para ser feliz en el trabajo*

- *Las 5 formas de vencer tu miedo a hablar en público.*

- *Cómo dejar de ser jefe y convertirte en líder.*

El 99% de los contenidos que se publican en internet y

que son indexados por *Google* son chorradas de semejante calibre que ya he leído hasta la saciedad. Por eso he decidido cargarme este lote de alertas de la obviedad, que me hacen perder el tiempo y que ya no tengo dónde difundir.

Que se las quede el SEO.

## Mi sesión de *Toastmaster*

Hoy tengo sesión con mis compañeros a los que "abandoné" el sábado pasado saliéndome del grupo.

Estoy nervioso por cómo reaccionarán cada uno de ellos y si insistirán mucho en "por qué me he salido del grupo". Flota en el ambiente la idea de que hay algún conflicto real contra alguien del mismo. Esto confirma la parte desquiciante que las redes sociales provocan en las personas. Me incluyo.

Estoy tranquilo porque, aunque ya he criticado de forma constructiva el funcionamiento de este grupo, no tengo ningún problema personal con nadie que justifique esa sensación que doy en este momento de: "pues ahora, no respiro".

Hoy también me toca dar una charla en la sesión. El formato en el que quiero ahondar es en perfeccionar el *Storytelling*, que es lo que me apasiona hacer.

Tengo escrito lo que voy a contar. Habla de los miedos de la infancia, la natación y el instinto de protección con mi hijo Óliver. Todo ello conectado con aquellos temores de mi infancia. En total son ochocientas palabras de puro *Storytelling*.

Añadamos las más de cinco mil palabras que lleva este libro que estás leyendo. Todo en cinco días. Una locura de productividad que hacía tiempo que no sentía.

**Tras la sesión de *Toastmaster***

Estoy contento. La sesión ha sido muy entretenida y he tenido mis seis minutos de "gloria". He estado muy nervioso pero la historia les ha gustado. En mi bandolera tengo un montón de papelitos con el *feedback* de mis compañeros que constatan esta idea.

He notado miradas de curiosidad, de comprensión y de puro morbo por saber los motivos de mi salida del grupo. Era como si alguno pensara que ya no iba a volver por allí nunca más.

Lo que más me ha gustado ha sido el trato con las personas que intuyo que ni siquiera tienen redes sociales. Como ya me pasó con aquellos amigos el domingo, me recuerda que no estoy haciendo nada meritorio ni que tenga que ser admirado. Posiblemente es mucho más normal de lo que yo pensaba y me alegro por ello.

Siento que las personas con las que mejor me llevo en este grupo son las que menos me han preguntado sobre mi salida del mismo.

Una de las cosas que más gracia me ha hecho ha sido la reacción de Vicenta; una mujer entrañable que está de vuelta de muchas cosas y que, tras conocer mi salida de las redes sociales, me ha dicho:

- Tú eres de los modernos de verdad.

Esto me ha hecho preguntarme si lo estoy haciendo para, una vez más, llamar la atención. Si de verdad es un proceso Détox o realmente es un camino sin retorno.

El tiempo lo dirá. Quedan 25 días.

Hasta mañana.

Mi desconexión de las redes sociales ha tenido un efecto secundario asociado; tiendo a ver menos las noticias en la televisión. Cuando lo hago es desde un desconocimiento previo de lo que ha pasado en el mundo. No como antes, que me sentaba a escuchar las noticias que ya me sabía para que me las contaran otra vez con una versión distinta.

La aportación que las redes sociales hacen a las noticias es para aportar tres cosas: crispación, exageración y frivolidad. Sin olvidar las *fake news*.

Cuando leo el enésimo *Tuit* de Donald Trump o cómo el político de turno español escribe para rascar votos, es cuando me doy cuenta de lo que "me estoy perdiendo". Es cuando comienzo a sentir que he tomado la decisión correcta.

Tengo la sensación de que parte de la crispación social y la radicalización de pensamientos, forman parte de lo que siempre ha existido. Las redes sociales han amplificado estos fenómenos de forma espectacular.

**Promoción de un evento sin *Facebook***

He pensado en cómo promocionar el evento del sábado sin disponer de redes sociales de difusión masiva. He recurrido a mis contactos del teléfono.

A pesar de que el libro detonante de esta historia afirma que *WhatsApp* es una red social más, hoy he enviado mensajes personalizados a personas a las que les puede interesar asistir a la presentación de mi libro *NSET*.

He comenzado por el colectivo de mis compañeros de *Toastmaster*. Enviar mensajes "one to one" tiene eludibles ventajas. Al enviar el mensaje de forma individualizada tienes un mayor y mejor control de las personas que te contestan. Me permite conocer lo que opinan sin ruido alrededor.

En la parte negativa diré que no es tan rápido como hacer un anuncio de *Facebook*. Tampoco tan masivo, aunque es verdad que difundir eventos por este sistema manual tiene un coste de cero euros.

Otra vez el efecto manada o lobo solitario.

Me voy a dormir que, de momento, sigue siendo gratis.

Si has leído *NSET*, te sonará el nombre de Santi: mi mejor amigo contemporáneo.

Nadie durante estos siete días, salvo lo poco que te he mencionado, ha notado que haya desaparecido de mis redes sociales más populares. Nadie ha levantado el teléfono para decir qué había pasado. Eso me está sirviendo para saber si todo esto es otra forma que tengo de "llamar la atención".

Si te soy sincero, siento que me da igual que la gente no me eche de menos, porque son más los beneficios que estoy encontrando y que creo que te contaré mañana.

**La preocupación de Santi**

Hoy, después de varios intentos mutuos, he conseguido hablar con mi amigo Santi por teléfono. Hemos estado conversando de lo habitual; mientras por mi cabeza rondaba la idea de si le iba a contar o no mi decisión en relación a las redes sociales.

Finalmente me he decidido a hacerlo y la cosa ha resultado algo complicada al principio.

Me he sentido como uno de esos amantes de las

conspiraciones a los que tanto critico habitualmente. Me ha costado hacerle ver las motivaciones para cargarme mis principales redes sociales, que ya tenía en vías de consolidación, y que serían vitales en este momento de difusión de mi libro.

Hasta que le he contado una cosa:

Que he decidido escribir un libro contando mi experiencia durante los 30 días que tengo para arrepentirme del borrado de mis cuentas de *Facebook*, *Twitter* e *Instagram*.

Como amante obsceno del marketing de impacto y la publicidad, a Santi le ha encantado la idea. Que el fin justificaba los medios. Le daba igual quién era el gurú ese que me había calentado la cabeza o cualquier otra consideración.

Hablar con él de una decisión que no comparte, pero que su empatía suple con creces, dice mucho de su inteligencia y del cariño personal que me tiene. Me ha estado preguntando y escuchando atentamente y, en ocasiones, ha terminado asintiendo y dándome la razón en alguna de mis motivaciones.

No sé si el truco de todo esto es haberlo mantenido en secreto y hacerlo de repente.

Santi me ha dicho que, si nadie reacciona a mi salida de las redes, seguramente es porque es "demasiado pronto para que la gente deje de pensar que llevas cuatro días sin publicar y no pasa nada." También me ha dicho que, como tampoco he puesto ningún mensaje anunciando mi salida de las redes sociales, es lógico que la gente no diga nada.

Cada vez tengo más claro que el hecho de que la gente me eche de menos no es el objetivo de todo esto.

Te dejo con las palabras que me envió Santi a mi *WhatsApp*, tan sólo media hora después de terminar una conversación que le había dejado descolocado a él y a mí como un bicho raro.

*[14:53, 7/2/2019] Santi: Entre todas las movidas que me has dicho me suena que había algo de esto*

*(Me envía el link de un vídeo sobre lo gratis y lo de pago)*

*[14:53, 7/2/2019] Santi: Tú no eres Nacho*
*[14:54, 7/2/2019] Santi: ¡Eres un algoritmo!*
*[14:54, 7/2/2019] Santi: ¡Devuélveme a mi amigo cabrón!*
*[14:54, 7/2/2019] Santi: Y ahora ver fotos de vendo cabras en los banners etc.*
*[14:54, 7/2/2019] Santi: ¡¡¡Deja de jugar con mi colega!!!*
*[15:03, 7/2/2019] Santi: ¡Algoritmo de Algoritmear!*

## Una de cal

Hoy me ha llamado una chica de un organismo de la Comunidad de Madrid y que gestiona una Escuela de Padres. Se ha interesado por mi trabajo como conferenciante para adolescentes, a raíz de un correo electrónico que le escribí hace unas semanas.

Este fruto surgido de aquel *email* me refuerza en la idea de que escribir a una persona concreta, de forma directa y elaborando el mensaje para conseguir un objetivo determinado, es mucho más poderoso que mensajes generales lanzados en las redes sociales para la gran masa. Otra vez la manada y el lobo.

Hemos quedado la semana que viene para vernos en persona y ver las posibilidades reales de colaboración. Tocando tierra y concretando hechos. Me ha encantado.

## Una de arena

Ya se acaba el día y te cuento cómo es el otro lado de la moneda. Acabo de recibir un mensaje inquietante. La dueña de la librería en la que se celebra la presentación de mi libro este sábado; me dice que no hay ninguna reserva en la *web* para asistir al evento.

Te confieso que he sentido un temor nítido de que el

evento sea un estrepitoso fracaso.

Se me ha pasado por la cabeza una, dos, tres y hasta cuatro veces, dejar este experimento y resucitar mis redes para conseguir petarlo y que se llene hasta la bandera.

He aguantado la tentación. Como decía Jack Dawson[·] mientras se hundía el *Titanic*:

- "Ya se nos ocurrirá algo".

---

[·] Personaje interpretado por Leonardo DiCaprio en la película Titanic, dirigida por James Cameron en 1997.

Hoy me he levantado con un pensamiento en la cabeza. No me da igual que el evento del sábado sea un fracaso y no acuda nadie. No quiero hacerme el "guay" haciendo creer que soy inmune al caso que los demás hagan a mis iniciativas. Creo que no está reñida una cosa con la otra. Al fin y al cabo, desde hace mucho tiempo, escribo para ser leído y eso no ha cambiado. También es probable que mi inventario de ego, me haga ser carne de cañón para INCORDIO.

Siento que dedicamos gran parte de nuestro tiempo a mirar los contenidos de otros, que a su vez son compartidos por terceros que no se los han leído, pero cuyo titular les parece atractivo. Los comparten para que sus seguidores los sigan compartiendo o le den a *Me Gusta*, sin tampoco habérselos leído.

Mátame camión.

### *WhatsApp* como red social

Hoy mi hijo Óliver ha tenido fiebre y no ha ido al cole. Como yo libro los viernes, he cuidado de él sin problema. Mientras él descansaba, he podido perpetrar durante un par de horas un bombardeo final a mis amigos y conocidos a través de *WhatsApp*; esa red social de gente conocida.

He personalizado cada mensaje con el cartel de la convocatoria del evento. El resultado ha sido que algunas personas se han apuntado y han reservado a través de la *web* de la librería. No ha sido para tirar cohetes, pero al menos he eliminado el vértigo de que no se apuntara nadie.

La ventaja de manejar los contactos de mi teléfono es que ya no tengo que hablar con el planeta entero, sino que puedo dirigirme a personas con las que tengo un vínculo emocional más o menos intenso. Esta táctica ha dado grandes frutos; ha revitalizado la posibilidad de reunirme de nuevo con la responsable de una empresa de *Team Building* que me interesa mucho. Con la excusa de la presentación del libro, me ha llamado directamente para concretar una reunión el mes que viene. Me apetece horrores trabajar con ella en un proyecto fantástico.

He tardado dos horas en invitar a todas las personas que creo que les puede interesar asistir. Usando herramientas como *Mailchimp* o similares, me hubiera llevado 10 minutos. Es cierto. Pero la forma en la que lo he hecho me ha permitido saber qué personas responden y en qué sentido. Creo que es una forma de refrescar relaciones que pueden estar adormecidas, pero que pudieran estar deseando retomar el contacto. Eso es lo que he sentido con las personas que me han confirmado que no faltarán al evento.

También he aprovechado para dirigirme a J.G., la persona a la que me referí, al comienzo de este libro, cuando le dije de forma brusca que comprara mi libro. Aquel momento me confirmó que las redes sociales nos hacen perder humanidad. Esta vez he querido ser más sutil:

*[11:45, 8/2/2019] Nacho Caballero: Hola J.G.*

*[11:45, 8/2/2019] Nacho Caballero: Vuelvo un poco más suave y más tras el reencuentro con mi amada esposa y quiero agradecerte que preguntaras por Jano.*

*[11:45, 8/2/2019] Nacho Caballero: Todo un detalle.*

*[11:45, 8/2/2019] Nacho Caballero: Un fuerte abrazo*

*[07:47, 9/2/2019] J.G: Así me gusta, soft! Ahora si me compro el libro* 😉

*[07:48, 9/2/2019] J.G: Un abrazo*

La diferencia es pocha.

## DÍA 9. UN EVENTO SIN RRSS

Hoy he escrito a la responsable de comunicación del *Hospital de La Paz*, que me había escrito ayer para dar charlas a chavales hospitalizados y cuyo email había dejado en la cola de "cosas pendientes".

Permanecen las inercias de no atender directamente a los temas importantes. Porque, aunque haya cerrado mis redes sociales, siento un cierto síndrome de abstinencia que hace que mi mente no haya recuperado el foco. Echo de menos la capacidad para concentrarme.

**El evento**

Te estarás preguntando cómo ha ido el evento de la presentación del libro sin las redes sociales. Tras haber vendido, literalmente, cuatro libros, tengo una sensación extraña.

El nivel de asistencia ha sido como de unas veinte personas. No está mal teniendo en cuenta otros precedentes de eventos organizados por mí. En el lado positivo pondré el hecho de haber conocido a Mónica, CEO de *Madresfera*. Ha sido la presentadora del acto y la que me ha entrevistado para despertar el interés de la audiencia.

Tengo que confesar que el hecho de invitarla a ella, que

es líder de una comunidad de maternidad potente, traería público adicional a mi evento. El hecho de que no se haya producido, me hace pensar en la efectividad real de las redes sociales y lo que tienen de espejismo.

Durante el evento me he sentido como pez en el agua, aunque ha habido momentos en los que me he agotado de escucharme a mí mismo. Como si estuviera contando por enésima vez mi historia frente a un público amigo al que no tenía que convencer de nada. No sé, ha sido todo muy extraño.

Lo más positivo ha sido estar arropado por mi familia y que mis hijos estuvieran por allí conmigo viendo a papá hablar de su libro. Supongo que este tipo de "huellas" tienen un valor difícil de medir en el corto plazo.

Estoy contento por la gente que ha ido y es algo que jamás debo menospreciar. Al contrario. Me digo a mí mismo que, si lo hubiera contado por las redes sociales habituales, el nivel de asistencia hubiera sido similar.

Se trata mucho más de darme cuenta de que la gente que acudió a mi acto ya tenía el libro incluso leído. Porque ha sido una acción de marketing, en cierta forma, "a contrapié..." El hecho de venderlo en una librería física de mi barrio tiene más de ilusión personal que de una medida eficaz. La experiencia de escribir, editar y distribuir mi propio libro ha dejado este acto en algo simbólico y emocional. Por eso se han vendido cuatro libros.

Es un libro destinado a potenciar mi marca personal y con los proyectos que tengo pendientes con la Escuela de Familias, la empresa de *Team Building* y el Hospital de La Paz, puedo confirmar que está funcionando a las mil maravillas.

La semana que viene tengo la otra presentación de mi libro. Esta vez en mi Leganés de la infancia. Esta vez, sí que "juego en casa".

Otra vez sin redes sociales y para personas que, debido a mi insistencia, ya tienen el libro. Debo ir mentalizándome de que no lo van a comprar en masa. Salvo que sea capaz de convocar a gente que no haya "frito" a mensajes en las últimas semanas.

Estoy agotado. Hasta mañana.

## DÍA 11. SEGUNDO LUNES

Ayer descansé de la tarea de escribir este libro y tuve tiempo de leer un par de *Ebooks* cortitos en el *Kindle*. Me volví a leer el de *Running para Vagos*, que me parece muy divertido en su primera parte y sorprendente en la segunda.

Me he reído mucho con los consejos en referencia a cómo puedes iniciarte en el mundo del *running*. No, no tengo ninguna crisis existencial ni de pareja. Prometido. El libro continúa hablando de la dieta paleo en la que desaparecen los hidratos de carbono casi en su totalidad. En esta parte creo que al autor se le va mucho más la olla.

Todo esto te lo cuento porque al verme en el vídeo del evento de ayer comprobé que estoy volviendo a los 80 (y no me refiero a la movida), lo que se traduce en una pinta de "padre" que me echa para atrás.

**Madrugar para hacer *running***

Hoy me he levantado a las cinco y media para ir a hacer *running* al gimnasio, que tengo a ocho minutos de distancia caminando desde mi casa. Lo justo para que me sirva de calentamiento.

Al abrocharme las zapatillas para salir de casa, me ha

dado un pinzamiento leve en las lumbares. Ocurre siempre que me paso más de tres meses sin hacer nada de ejercicio, salvo caminar o bañar a mis hijos. Me he sentido como Leo Harlem[7] en su monólogo.

Renqueando he salido a la calle y pronto he sentido alivio. Antes de subirme a la cinta he hecho unos estiramientos de yoga para paliar la molestia de mi parte lumbar.

He seguido los consejos del libro de hacer una secuencia de minutos que combina caminar con correr ligero: 8-3-5-2-4-3-5. La he cumplido a rajatabla, aunque me sentía capaz de hacer mucho más de lo que se me indicaba. Tampoco es cuestión de fliparse el primer día. Ya os contaré lo que me dura.

La relación que todo esto tiene con las redes sociales es que, cuando eliminas ruido de tu alrededor, es cuando comienzas a plantearte otras cosas con las que llenar tu tiempo. Es cuando ves todo en crudo y te das cuenta de lo realmente importante.

A estas alturas sé a ciencia cierta que mi negocio de monólogos y charlas no se va a resentir por las decisiones que estoy contando en este libro. Al contrario. Mi capacidad para ir poniendo foco y enviar

---

[7] Leonardo González Feliz, más conocido como Leo Harlem, es un cómico y actor español. Wikipedia

mensajes específicos a personas que me interesan se está acentuando con el paso de los días.

Hoy cumplo once días escribiendo este libro que va camino de nueve mil palabras. Aunque sólo sea por eso, está mereciendo la pena.

Hoy no he salido a correr. Me ha durado poco el propósito. Lo que estoy haciendo son estiramientos de yoga cuando me levanto. Lo he cambiado por lo de mirar las redes sociales compulsivamente. El objetivo es que mi pinzamiento lumbar desaparezca cuanto antes y así poder retomar mi propósito de ponerme en forma.

Acabo de llegar de la sesión de *Toastmaster*.

En esta segunda reunión tras mi salida del grupo de *WhatsApp* todo ha vuelto a la normalidad.

Las cosas se han simplificado; voy a mi sesión, participo como el que más y luego me tomo una cerveza con mis compañeros. Confío en que, si durante la semana sucede algo que me incumba, alguno tomará la iniciativa de informarme.

**Instagram con sentido**

Hoy me he acordado de que tengo una cuenta de *Instagram* que no he borrado. Se trata de aquella en la que voy subiendo fotos y vídeos de mis hijos y que está en modo privado. Ya sé que todo lo que suba a una red social puede ser usado con fines maléficos, pero hoy quiero romper una lanza en favor de que el beneficio sea mayor que el perjuicio. Encontrar un <u>para qué</u> que me resulte válido.

Este canal fue creado en su momento como una forma de recopilar la evolución de mis hijos. Tener algunos de sus mejores momentos ordenados por fecha. Es fantástico y es mucho mejor que el absoluto caos en el que se ha convertido el carrete de mi teléfono móvil, gobernado por Diógenes.

El segundo beneficio es que sirve como ventana para las personas que viven lejos de nosotros. Principalmente la abuela materna de nuestros hijos, sus tíos favoritos o mi amiga Blanca. Todos los días pueden disfrutar de las peripecias de nuestros pequeños. Para mí todo eso justifica mantener esa cuenta de *Instagram*.

En ningún momento he tratado de gritar a las nubes y demonizar a  las redes sociales sin sentido.

La misma justificación podría valer para mantener mi canal de bodas en *Instagram* y que mis clientes pasados, presentes y futuros, puedan seguir conectados conmigo. Sin embargo, creo que hay formas mucho más eficaces para conseguir tal fin. Como puede ser un mensaje directo o una llamada de teléfono.

Tanto en el caso de mis hijos como en el mío propio llego a la misma conclusión. Cuando la gente tiene constancia de tu vida en redes sociales, tiende a pensar que no hace falta levantar el teléfono para hablar. Lo de quedar en persona se antoja menos necesario porque ya estás al tanto de la vida del otro.

Nada más lejos de la realidad. Nada más cerca de una paradójica desconexión entre las personas.

## DÍA 13. BLANCA LO SABE

Mi otra gran amiga de estos últimos años se llama Blanca. Hoy he estado hablando con ella sobre mi decisión en referencia a las redes sociales. Cada vez que cuento mis motivaciones siento que voy ordenando mejor mis argumentos.

Mi querida amiga ha tenido varios momentos de adhesión a mis ideas, pero también interesantes objeciones que me han hecho pensar. La principal de ellas es la de:

*¿por qué no me replanteo el uso de las redes sociales de una forma más sana?*

Su conclusión es que no hace falta que las deje morir (salvo la fallecida *Instagram*), sino que podría recuperarlas y hacer un uso más sensato de las mismas.

Es entonces cuando, con todas las cautelas sobre el agua del que no beberé, le he dicho que necesito sentir que han desaparecido por completo. Que según van avanzando los días me sigo consolidando en mi decisión de hace medio mes. Porque estoy recuperando el interés por otras cosas como el ejercicio o el comer mejor. Aunque todo esto suene a lugares comunes o canciones ya escuchadas.

Siento que es cuestión de tiempo, necesito avanzar y llegar a un lugar en el que no haya estado jamás. Un sitio en el que sienta que puedo poner FOCO en aquello que considero realmente importante.

Se está consolidando en mí la idea de que este libro no va de eliminar todas mis redes sociales sin criterio, sino de concentrarme en aquellas que realmente tengan sentido para mí. Dando prioridad a las llamadas de teléfono, los emails y la oportunidad de quedar con la gente físicamente.

## *WhatsApp* es finito

Hoy he dedicado gran parte del día a lanzar una nueva ofensiva de comunicación para conseguir que la segunda presentación de mi libro, este próximo sábado, sea un éxito de asistencia. Para ello no he dudado en tirar de nuevo de *WhatsApp*.

Como he comentado en anteriores capítulos, esta herramienta de mensajería es como tener una red social limitada y de mayor calidad que los casi mil seguidores de *Twitter*. Porque la gente que está en mi agenda del móvil ya ha pasado un importante filtro. Son personas con las que he tenido un contacto en algún momento de mi vida. Sea el que sea. Eso reduce el universo de personas de forma exponencial y el sentido de los mensajes que envío tiene un por qué. Son mensajes directos que huyen, una vez más, del efecto manada.

Esto me ha llevado a la idea de que tengo que optimizar la agenda de mi móvil. Tengo más de cuatro mil contactos a los que tendré que hacer un *ERE* alucinante. Quiero tener a las personas que realmente me importen en los diferentes niveles de relación. Puede ser tan importante un conocido valioso, como un contacto profesional interesante o un amigo íntimo. Esa es la nueva tarea que me he marcado: optimizar mi agenda.

Hasta mañana... que es el día del amor.

## DÍA 14. PRIMER DÍA SIN "HASHTAG"

Hoy ha sido el primer día, desde que decidí borrar mis redes sociales, en el que no he participado en ninguno de los *Hashtag* del día. Supongo que habrá sido #SanValentin2019, #FelizSanValentín o algo parecido.

El efecto ha sido que he vivido un día menos intenso en relación al día del que se trata. No he tenido la sensación de bombardeo, por todas partes, de que es el día de los enamorados.

También me he ahorrado un montón de imágenes ñoñas, prescindibles, frasecitas manidas hasta la extenuación que, por supuesto, nacen de un *copiar-pegar* infinito gestado por INCORDIO.

Eso no quita para que haya tenido un par de detalles con mi chica. Desde la calma y la tranquilidad de una vida que, poco a poco, va bajando de revoluciones.

**Las redes de los otros.**

Esa es quizá la sensación que hoy quiero transmitir. Que el ruido a mi alrededor se está reduciendo y que cada vez veo más nítidamente el efecto que las redes sociales tienen en las personas.

El pensamiento único de la gente es llevado a una

radicalización acelerada gracias a las redes sociales, que se convierten en correas de transmisión ideológica que aceleran la creación de piñas de pensamiento borreguil. Sin necesidad de contar ninguna verdad.

Como dije en capítulos anteriores, cuando veo las noticias (terribles en *Antena3*), me doy cuenta que hay periodistas que han dejado de ejercer su profesión de forma honesta. Comienzan a hablar como los políticos: en busca del *Like* en detrimento de la veracidad.

Esa forma de dirigirse a sus espectadores y votantes, respectivamente, está jalonada de frases cortas a modo de pequeños *tuits*. Como si esperaran que, de esta forma, la gente no tenga que extraer resúmenes de lo que dicen. Te dan la frase hecha y ya mentalmente la puedes *copiar-pegar* para su difusión masiva en tu propia red social. A veces incluso te escriben esas frases en programas soporíferos como *Más Vale Tarde*. Son solamente ejemplos de la fusión de los medios de masas y la política con las redes sociales.

La combinación perfecta para un bochorno y empobrecimiento intelectual a nivel colectivo, que me sigue consolidando en mi propósito de salirme del redil.

Esto entronca con la idea que tengo, desde hace años, de que los informativos de televisión tienen una serie de noticias chorra que van rotando en una rueda. Cada cierto tiempo vuelven a sacarlas para rellenar hueco.

Por ejemplo:

"que si la ortografía de *WhatsApp* empobrece el lenguaje"

"que no dejes el móvil encima de la mesa de una terraza mientras te tomas algo"

"cómo detectar que tienes un novio celoso"

La frecuencia de esas noticias ha subido exponencialmente en estos años, en función del *feedback* que reciben estos temas en las redes sociales.

Me voy a dormir. Hasta mañana.

**Cucún… cucún**

Hay momentos que forman parte de un latido especial. Ese que te hace sentir que la vida te atraviese. Hoy ha sido uno de esos días.

Este tipo de latidos comenzaron a hacerse más frecuentes a partir del año 2016, en el que me vi obligado a un cambio de vida que no ha parado de hacerme crecer como persona. Como si el nacimiento de mi hija Alma hubiera colmado un vaso que obligó a cambios radicales para alcanzar el verdadero equilibrio.

Hoy ha sido la presentación del libro que cuenta gran parte de mi vida, en forma de grandes pinceladas. Ha sido en mi Leganés de la infancia. Me he visto rodeado de tantas personas cercanas a mi corazón, que me he tenido que emplear a fondo para estar a la altura.

La sensación que he tenido durante todo este mágico evento ha sido la de que, los personajes de mi libro *NSET*, iban entrando por la puerta uno a uno. Como si sus páginas se estuvieran convirtiendo en realidad. Cada uno de ellos se acercaba para darme besos y abrazos que me confirman que, su papel en mi libro, se queda corto en relación al que tienen en mi vida real.

Vuelvo a los latidos.

Últimamente tengo serios conflictos al hablar de que "tal día ha sido uno de los más emocionantes de mi vida", porque los candidatos a ese día cada vez son más y se producen cada menos tiempo. Siento que mi vida es más real y está enfocada en lo verdaderamente importante. Priorizando y yendo a contracorriente en muchos aspectos que, socialmente, pueden no llegar a entenderse.

## Soltar lastre

He redescubierto que no se trata de tener *followers, fans o likes*. Se trata de llamar a la puerta de viejos amigos, nuevos amigos e interesantes personas que forman parte del crisol de mis relaciones sociales. Ha llegado el momento de dejar de añadir gente a la agenda de contactos y comenzar realmente a cuidar de esas personas que siempre me han apoyado. Contra viento y marea.

Te digo más, ¿por qué no empezar a borrar personas de mi agenda y de mi vida? Al fin y al cabo, seguro que es un sentimiento mutuo.

Pero hoy no quiero hablar de los que no vinieron. Hoy quiero hablar de los que quisieron hacerlo y no pudieron. Pero por encima de todo, de los que sin tener que hacerlo… lo hicieron. Porque son ellos los que hoy me han llenado de felicidad, de congoja y complicidad en un momento en el que, además de hablar de mi libro, he terminado haciéndolo de mis pensamientos más íntimos ante decenas de personas, sin sentir en ningún momento que dejaba de estar arropado.

De esas cincuenta personas que acudieron para apoyarme, hubo una que no me resultaba familiar. Se colocó junto a la barra del lugar del evento: "La Libre de Barrio". Estuvo escuchando atentamente mis reflexiones sobre NO SOY EL TÍPICO.

Fue al final del evento, en plena cresta de la mi ola emocional, cuando se acercó para darme las gracias por mis palabras. También dijo, en voz baja y ahogada por el bullicio, que no se podía permitir comprar mi libro.

Yo seguí hablando con otras personas mientras ella recogía su abrigo para marcharse.

Abandoné mi ola y me fui hacia ella mientras cogía uno de mis libros del expositor. Se lo regalé sin pestañear ante su emocionada mirada.

Esta mañana dominical me he encontrado seiscientas palabras de agradecimiento de esa desconocida en mi *email*, surgidas tras la lectura de un libro que se ha leído del tirón en una madrugada.

**Emancipación**

Hoy ha sido también el día en el que Ana, mi hermana pequeña, se ha emancipado por fin después de una dura lucha contra un sistema diseñado para la precariedad laboral.

A golpe de esfuerzo, se ha abierto camino como una profesional ejemplar en el mundo del periodismo y la comunicación. Con una marca personal brillante que le ha hecho sentir ese "ahora o nunca" que todos hemos experimentado en los grandes cambios vitales.

Tras la hora de la siesta me ha llamado para que le echara una mano yendo en coche a recogerla a la estación de *Príncipe Pío*, para poder llevar parte de su equipaje a su nueva vida.

Como siempre que salgo de casa, busco un *podcast* que llevarme a la oreja. En esta ocasión he escuchado un nuevo episodio de "Educando Geek", en el que su creador cuenta una anécdota sobre *Facebook* que paso a relatarte de forma aproximada y resumida:

*He pensado muchas veces en borrar mi cuenta de Facebook. Sin embargo, hay un grupo de cocina en el que compartimos recetas e incluso alguna vez yo he propuesto alguna con bastante éxito. Aunque solamente sea por eso... me resisto a borrarlo.*

*Lo que sucedió fue que hace unos días quise hacer limpieza de mi lista de contactos: doscientas setenta personas, de los cuáles desconozco a la mayoría. Tras la purga me quedé con menos de veinticinco personas... incluso con la posibilidad de que, en una segunda batida, la cosa se reduzca más todavía.*

*Lo siguiente que quise hacer en aras de potenciar mi privacidad, fue cambiar mi nombre en Facebook. Fue en ese momento cuando la red social me expulsó para no dejarme entrar a continuación. El motivo no era otro que el hecho de que "se había producido un movimiento extraño en mi cuenta y por motivos de seguridad el acceso había sido cancelado". Cómo nunca le facilité mi número de teléfono a Facebook no existía la posibilidad de recuperar mi cuenta con un simple mensaje a mi móvil. Para poder recuperar el control de mi cuenta me proponía dos cosas:*

*1. Facilitarme cinco de mis contactos y a tres de ellos le tenía que enviar un link. En ese momento Facebook le enviaría un código a cada persona que ellas tendría que facilitarme para que una vez que tuviera los tres códigos, poder desbloquear mi cuenta.*

*Después de las peripecias que supuso cumplir estos requisitos el sistema seguía sin dejarme acceder. Fue entonces cuando tuve que ejecutar la segunda opción:*

*2. Enviar a una dirección de correo algún documento identificativo, pasaporte o DNI, que acreditase mi identidad.*

*Tras escanear mi DNI y pixelar los datos que no quería que fueran conocidos por Facebook el sistema me dio el control de nuevo de mi cuenta.*

Llámame loco, pero tras leer esto, lo único que sentí es que las redes sociales son como los maltratadores. Te tratan bien mientras formas parte de ellas y las alimentas con contenidos. En el momento en el que te salgas del redil es cuando comienzan a ponerte zancadillas.

Me quedan trece días para ver morir mi cuenta de *Facebook*.

Vigilaré mis espaldas y los bajos de mi coche. Hasta mañana.

## Risto Mejide. Pirómano y bombero.

Ayer estuve viendo por la noche un rato el programa de entrevistas de Risto Mejide: "Chester". Mejide es una persona capaz de generar momentos brillantes pero que, en general y como entrevistador, deja bastante que desear.

Los que me seguís habitualmente en mi blog sabéis que le he dedicado palabras críticas por entrevistar durante hora y media a Andrés Iniesta. Si la expresión "hombre de pocas palabras" alcanza su máxima expresión en este futbolista, imagina lo que son noventa minutos de un *fan* entrevistando a su ídolo. Infumable.

Anoche estaba Risto con Arcadi Espada: conocido periodista famoso por sus artículos incendiarios. Era obvio que Risto Mejide estaba sacando petróleo mientras ponía cara de indignado cuando repasaba la hemeroteca de su invitado.

El momento que hizo prender *Twitter*, al mismo tiempo

---

Risto Mejide Roldán, es un presentador de televisión, publicista y escritor español que se dio a conocer como jurado del concurso Operación triunfo en 2006.

Chester es un programa de televisión español, de género periodístico, producido por Mediaset España Comunicación en colaboración con La Fábrica de la Tele para su emisión en Cuatro.

que el caldero del *Share*[10] del programa de Risto, fue cuando con un calzador XXL Mejide le sacó el tema del Síndrome de Down a su invitado.

Arcadi escribió en su día sobre la responsabilidad que tienen los padres que, una vez detectada una anomalía en su futuro hijo, deciden seguir adelante con el embarazo. A duras penas pudo el invitado de Risto explicarse por las ansías al más puro estilo "Nieves Herrero"[11] que su anfitrión mostraba.

A esas alturas mis dedos tenían un cierto síndrome de abstinencia de *Twitter*. Necesitaba decirle a Risto lo que pensaba sobre el amarillismo vomitivo de su entrevista. Como si fuera a leerlo entre los miles de *tuits* que se estaban generando en ese momento.

Tras la explicación de Arcadi Espada sobre su artículo y sin entrar a valorar su razonamiento, fue el propio Espada el que dijo:

- "Discutamos sobre el tema".

---

[10] La cuota de pantalla, porcentaje de audiencia o **share** es una medida de audiencia que estima el porcentaje de hogares o espectadores que están viendo un programa de **televisión** y con respecto al total que tiene encendido su televisor durante la emisión.

[11] Periodista española que se hizo tristemente famosa por el tratamiento informativo del conocido como "Caso Alcásser". Su forma de abordar aquella tragedia es un ejemplo de amarillismo periodístico de primer nivel.

En ese momento, Risto Mejide se sacó de la manga a Rafa: padre de un niño llamado Nicolás que tiene Síndrome de Down. Mientras el padre entraba en plató y comenzaba a hablar, se proyectaba en la gran pantalla del *Chester* una combinación de fotos y vídeos del niño. Todo coronado con la base musical del tema central de *Forrest Gump*[12] al piano.

Un momento televisivo capaz de generar nuevos diabéticos. El programa a esas alturas ya era *trending topic*.

Lo siguiente que sucedió fue que Arcadi Espada quiso marcharse. Supongo que Risto pensó que le caía una volea como la que Roberto Carlos le sirvió a Zidane en aquella final de *Champions*. De una forma burda y absolutamente patética fue Risto Mejide el que despidió antes de tiempo a su invitado... que le llamó "tramposo".

La escena terminó con un aplauso para Rafa y una frase vomitiva a lo Jorge Bucay con la voz en *off* de un publicista, que acababa de convertir una interesante entrevista en un producto de *todo a cien*.

---

[12] **Forrest Gump** es una película estadounidense cómica dramática estrenada en 1994. Basada en la novela homónima del escritor Winston Groom, la película fue dirigida por Robert Zemeckis y protagonizada por Tom Hanks, Robin Wright, Gary Sinise y Sally Field.

Hoy por la mañana he mirado en *Twitter*, sin *loguearme*, para saber lo que había sucedido en relación al programa de Risto Mejide. No lo he hecho porque quisiera volver a formar parte de ese mundo, sino porque quería saber si mi forma de pensar, encontraba algún tipo de sintonía en las personas que opinaron en directo sobre el programa.

Me encontré una avalancha de frases con un pensamiento único y alineado con el amarillismo barato de Risto. Solamente en un *tuit* de las decenas que me leí se podía atisbar una discrepancia. Otra vez me sentí como un "lobo solitario" frente al "efecto manada".

El algoritmo fue el único que había hecho bien su trabajo aquella noche.

## DÍA 19. TOAST MARTES

Hoy martes he acudido a mi sesión de *Toastmaster*. Infame juego de palabras el del título de este día.

Esta vez me apunté para aportar el "pensamiento del día" que puede ser una película, un libro, una anécdota o lo que considere más oportuno.

Quiero compartir contigo lo que le he contado a mis compañeros y que he grabado en mi *podcast* de la plataforma *Anchor*.

*Sucedió ya hace algunos años. Fátima me explicó que había hablado por teléfono con amigos comunes y le habían dicho "por Nacho no te pregunto porque veo que le va genial en las redes sociales".*

*En ese momento es cuando empecé a pensar en el efecto que estaban teniendo en mi vida. Si tendría relación aquello con el hecho de que mi teléfono hubiera dejado de sonar. Me refiero a esas llamadas de buenos amigos y amigas que todos tenemos y que antes te llamaban para preguntarte "qué tal te va la vida".*

*Tras un largo proceso de maduración, el uno de febrero de este año borré mi cuenta de Instagram, Facebook y Twitter. Aunque en estas dos todavía tengo 30 días para arrepentirme y si vuelvo a entrar en ellas, las recuperaré como si nada hubiese pasado. Como sabéis algunos de vosotros, también he salido de grupos de WhatsApp. Solamente mantengo Linkedin, Youtube y los WhatsApp individuales con personas.*

*Durante este mes he convocado sendas presentaciones de mi libro en Madrid y Leganés y he descubierto una cosa: que a mi alrededor hay cuatro tipos de personas:*

*1. Las que no podían ir y fueron.*
*2. Las que podían ir y fueron.*
*3. Las que querían ir, pero no podían.*
*4. Las que ni querían ir, ni fueron.*

*Esta forma de ver las distintas reacciones de los demás me hizo ver con claridad que, en muchas ocasiones, yo también me comporto como acabo de describir en ese póker de posibilidades.*

*Haber eliminado redes sociales y ruido a mi alrededor está provocando un aumento de la nitidez emocional. Para bien y para mejor. Porque no todas las relaciones ejercen el mismo rol en mi vida. No es, ni debe ser, café para todos porque sería cortar todas las relaciones por el mismo rasero.*

*Este pensamiento es de ida y vuelta porque lo aplico desde mis sentimientos y soy consciente de que sucede lo mismo en los demás hacia mi persona.*

Hasta mañana.

Hoy he descubierto una cosa que me ha dado mucho asco. Es en relación a una de las redes sociales que he decidido mantener: *Youtube*.

El motivo para mantenerla no es otro que el hecho de que muchos de mis clientes relacionados con monólogos y/o charlas de motivación me encuentran a través de esta plataforma, que es propiedad de *Google*.

**Un duro despertar**

Desde hace algún tiempo escucho un programa llamado "Buenos días Madresfera" que perpetra cada mañana la genial Mónica De la Fuente y su equipo a las 7.15 en la plataforma de *podcast* "Spreaker". Fueron ellos los que me descubrieron el tema que quiero tratar hoy.

Han hablado de un vídeo publicado en *Youtube* desde hace tres días, en el que se denuncia que el algoritmo de esta red social está monetizando vídeos que se están utilizando para satisfacer mentes enfermas, que están más cerca de la pederastia que de un consumo sano de contenidos audiovisuales.

Se detalla cómo con cinco *clics* puedes llegar a un nivel en *Youtube* en el que su algoritmo lo que hace es mostrarte vídeos de menores de edad que resultarían inocentes, si no fuera porque todos los comentarios que tienen están jalonados de mentes enfermas, las cuales se dedican a indicar el minuto exacto en el que hay una postura comprometida de los menores.

Lo de "mente sucia" de "Los Serrano"[13] se queda en anécdota.

Lo grave es que *Youtube*, en su compromiso de proteger a los menores, supuestamente está obligado a eliminar este tipo de conductas de inmediato.

Resulta paradójico que *Youtubers* como "La Gata de Schrödinger" o Jaime Altozano hayan tenido problemas con sus vídeos de *Youtube* por temas puramente divulgativos y creativos. Hay ejemplos a patadas en los que tres acordes de una canción interpretados por alguien en una guitarra han supuesto la eliminación de vídeos. De traca.

En este caso, con el simple hecho de que entres en *Youtube* en un navegador en el que no estés *logueado* con *Gmail*, podrás reproducir la aberrante experiencia que denuncia este usuario. Lo he comprobado personalmente.

---

[13] **Los Serrano** serie de televisión de comedia dramática que fue producida por Globomedia y emitida originalmente por la cadena española Telecinco entre el 22 de abril de 2003 y el 17 de julio de 2008 durante ocho temporadas.

El vídeo en cuestión se titula: *Youtube is Facilitating the Sexual Exploitation of Children, and it's Being Monetized (2019). MattsWhatItIs*

El colmo de todo esto es que estos vídeos, que generan un tráfico de mentes enfermas que se dedican a minutar los momentos estelares para mentes pederastas, tienen anuncios de marcas conocidas antes y durante la emisión de los mismos. Porque tienen una audiencia nada despreciable y esto hay que monetizarlo como sea. Supongo que ese el pensamiento de los irresponsables de *Youtube* y de las marcas que se anuncian en esos vídeos.

Como padre de dos niños pequeños siento mucho asco con todo esto.

Creo firmemente que hay que preservar la privacidad de nuestros hijos menores de edad. Considero que tendría que prohibirse por ley que los menores de edad tengan vídeos en *Youtube*. Así de sencillo. Lo mismo que se les pixela en los informativos, no entiendo que no se tomen medidas más drásticas para poder velar para que los menores tengan un anonimato necesario. Evitar que las imágenes, en las que ellos salen, sean utilizadas con fines tan sórdidos como los denunciados. Así como que padres irresponsables dejen de hacer caja con sus hijos menores.

En el día veinte de este libro no dejo de encontrar motivos para afianzarme en mis convicciones de que los que formamos parte de las redes sociales somos un producto que es explotado sin escrúpulos para ganar dinero por parte de sus dueños.

Hasta mañana.

En estos días me he dado cuenta de que *WhatsApp* tiene también sus "stories" como los de *Instagram*. Se llaman "Estados" y tienen la virtud de ser efímeros y que además solamente pueden ser vistos por las personas que tú quieras de tu lista de contactos.

**Síndrome de abstinencia**

Reconozco que en estos días he querido compartir cosas con la gente de mi entorno. Lo he hecho a través de los "Estados" de *WhatsApp*.

Lo primero que he descubierto es que no los ve demasiada gente, pero tiene la parte buena de que conozco a las personas que lo han visto y para ellas será de más interés que para el universo anónimo de otras redes.

Esta forma de escribir denota que no tengo las cosas demasiado claras y que es un libro "en directo" y sin filtros. Que siento que ha surgido para cuestionar lo que tenía hace veinte días:

- 1 perfil en Facebook que gestionaba...
- 4 páginas en Facebook.
- 2 cuentas de Twitter.
- 3 cuentas de Instagram.

- 1 *podcast*. (Que hace poco eran cinco)
- 1 cuenta en Linkedin.
- 1 cuenta en WhatsApp.
- 1 canal en Youtube.

TOTAL: 14 canales de comunicación con el mundo.

Eso no hay persona que lo pueda mantener y persona que lo necesite realmente. Esa es la principal conclusión a la que llego después de los veintidós días que suma ya esta experiencia.

Convertir mis catorce canales de comunicación en tan sólo los cuatro que están en negrita, me parece que es una forma muy razonable de dejar de perder el tiempo y poner foco en lo importante.

**Intercambio de reseñas**

La dificultad para poner foco viene derivada de la inercia que generan las redes sociales de intentar agradar a todo el mundo. Hay todo un movimiento de reseñas que nos ponemos unos a otros aunque no hayamos leído, escuchado o visto lo que estamos calificando. Simplemente lo hacemos porque nos cae bien la otra persona o porque nos ha calificado con cinco estrellas a nosotros.

Recuerdo, con especial vergüenza ajena, el día que

solicité reseñas a sendos *influencers* que habían visto una de mis charlas en directo. Su reacción en las redes sociales a mi *speech* dejaba claro que les había encantado. El "momento profesor", que algunos de mis lectores ya conocen, fue uno de mis mayores éxitos en las redes sociales. Su titulo, NO SOY EL TÍPICO, dio lugar posteriormente a la escritura del libro que te he mencionado ya varias veces.

Al día siguiende de haber dado aquella charla, me sentí con la "legimitidad" de solicitar una reseña positiva en *Linkedin*. Me dirigí, amablemente, a las personas que me habían felicitado efusivamente en persona tras bajarme del escenario la noche anterior. Todos accedieron de mil amores a dejarme sus impresiones en forma de reseña, sobre una charla que les había encantado.

Todos, menos las dos estrellas mediáticas de las redes sociales.

Uno me dijo que para dejarme una reseña, primero tenía que dejarle cinco estrellas en *Itunes* sobre su *podcast*. Entendí que haberlo escuchado no era condición necesaria. El otro me contestó que para recibir, primero hay que dar: ¿acaso yo no había dado una charla a mi público que saqué de lo más profundo de mi corazón? También me emplazó a que calificara con cinco estrellas su trabajo en las redes sociales y le recomendara como condición previa a su reseña de *influencer*.

Ese día me caí del guindo[14]. Fui consciente de la cantidad de tontería que hay en las redes sociales y entre personas de dudosa valía real. Personas que, como diría Victor Küppers, se sienten amenazadas cuando una bombilla de treinta mil vatios se les acerca. Porque ellos aparentan tener luz, pero en realidad solamente emiten el reflejo de otras personas. Siendo menos poético y, siguiendo con Küppers, supe la diferencia entre ser un *crack* y un chusquero. Entre ser una buena persona y no serlo. (Odio que me llamen *crack*, no te hagas líos :-)

Hay personas de mi entorno, a las que tengo en muy buena estima, que me han dicho que es comprensible la reacción de estos dos influencers porque ellos viven de las reseñas. Dando por bueno el razonamiento, sin ocultar mi discrepancia, me sirve para hablarte de un fenómeno convertido en plaga: *los espemajistas*. Pero lo dejaré para más adelante.

## La reunión estéril

A lo largo de los años me he visto en diferentes situaciones en las que, en lugar de centrarme en mi valor como profesional y potenciarlo, he estado más ocupado

---

[14] Se utiliza habitualmente la expresión **'caerse de un guindo'** (o sus formas **'se ha caído de un guindo'**, **'caer del guindo'**…) para referirse a la ignorancia y/o credulidad que, inocentemente, muestra alguien sobre un asunto.

en querer reunirme con personas para ver si encontrábamos sinergias de colaboración. Para ver si conseguía ser validado con "reseñas en la vida real".

Muchas de esas reuniones han sido pérdidas de tiempo en las que mi interlocutor no tenía absolutamente nada concreto que ofrecerme. La gente lo llama *networking*, pero se parece más a un intercambio de tarjetas de visita que no lleva a ninguna parte.

De ahí viene el título de este capítulo número 22 de este libro. Un aprendizaje que me ha costado asimilar pero que tiene todo su sentido. Consiste en que, solamente aquello que de lejos parezca que SÍ como una catedral, va a ser que SÍ.

El resto es NO.

### Asertividad sin anestesia

Porque si una persona quiere contactar conmigo para trabajar, seguro que moverá ficha para hacerlo. Que de nada sirve perseguir a la gente, dando la sensación de que necesito que sean los demás los que pongan en valor mi trabajo.

El drama de todo esto es que, mientras todo esto sucede, el tiempo se me escapa entre las manos intentando agradar a personas que no me aportan nada y que hacen que descuide mi esfera puramente profesional.

¿Hay que convertirse en un huraño desconfiado? No. El control de calidad para reunirme con personas que me aporten tiene que ser más exigente y estar más afinado.

Visto en perspectiva, todo esto es la versión *offline* en la que he buscado el "Me Gusta" o la buena reseña de personas que no tenían nada que ofrecerme. Intentando alimentar un ego atrofiado que ha sido contagiado por la dinámica de las redes sociales trasladadas al mundo real.

Vaya chapa que te acabo de soltar.

Hasta mañana.

## Desde el principio de los tiempos

Hoy he vuelto a *Twitter*. Aunque fuera por accidente. El motivo no ha sido otro que el dichoso historial de mi navegador *Chrome* del ordenador.

Por accidente ha saltado la *web* de *Twitter* y automáticamente se ha metido dentro de mi cuenta borrada hace casi 30 días. Como tampoco se trata de salir corriendo como si aquello fuera Chernóbil, he mirado por curiosidad que todo seguía ahí.

Solamente tenía un "Me Gusta" fruto de la interacción con una agencia de comunicación con la que "hablaba" mucho por *twitter*. ¿Me echarán de menos? Me refiero a los *post* que les escribía a cambio de visibilidad. Qué manía le tengo a la "visi".

He dedicado cinco minutos a recuperar la experiencia de navegar por lo que estaba diciendo la gente. He visto que sigue siendo un patio de vecinos en el que la gente comparte contenidos más que sobados, que por fuera parecen interesantes pero que por dentro son lo mismo de siempre: *Tip* por aquí, *Coll* por allá. [15]

---

[15] Tip y Coll fue una pareja humorística española formada desde 1967 a 1995 por Luis Sánchez Polack y José Luis Coll. Wikipedia

Para evitar que esto vuelva a suceder, he decidido borrar el Historial de *Chrome* de mi ordenador "desde el principio de los tiempos". Tendré que meter de nuevo contraseñas en todas partes y recordar nombres de usuarios. Todo eso que nos facilita la vida, pero que no deja de ser una cesión altruista de nuestros datos que facilita el enganche a determinados hábitos que resultan estériles. Por no hablar de la vulnerabilidad brutal si me robaran el portátil. Piénsalo tres segundos.

## Marie Kondo en mis redes sociales

En este comienzo de año ha estado muy de moda Marie Kondo; una mujer japonesa, sin socializar, que ha grabado una serie documental con *Netflix* en la que ayuda a parejas norteamericanas que están cerca del síndrome de Diógenes. Las ayuda a recolocar sus casas y poner un poco de orden.

Como dice mi primo Rubén: "en este tipo de programas lo que hacen en realidad es subirles las persianas y colocar una bombilla de 60 para que la estancia no parezca un zulo terrorista". Chapó a esa definición.

Los catorce canales de comunicación que yo tenía con el mundo, de los que he decidido mantener cuatro, es en realidad una forma de combatir el Diógenes digital que tiene que ver con la idea de no querer perderme nada. El famoso fenómeno FOMO que mencioné al comienzo de este libro. Como si cada iniciativa que he tenido, cada libro, cada idea necesitara su propia página *web* en *Facebook*, *Instagram* o *Twitter*.

Necesitaba "hacer un Marie Kondo" con mi sobrepresencia en internet.

Lo positivo de la red social que he decidido mantener, *Linkedin*, es que me obliga a pensarme dos veces las cosas que publico en la misma, puesto que tiene un uso profesional.

No te voy a negar que cuando suceden cosas en la actualidad muchas veces tengo esas ganas de decirle al mundo lo que pienso sobre el tema. Pero estoy descubriendo que lo que yo piense sobre determinados temas es irrelevante para mis seguidores y para el mundo en general. Porque todos estamos intentando hacer que nuestro mensaje impacte, conecte y se viralice. Sin saber demasiado bien quién gana con todo esto. Adivina.

## Mi *podcast*, mi tesoro

Cada vez me gusta más la idea de convertirlo en el eje principal de mi comunicación actual. Estoy convencido de que es el formato de un futuro que ya es presente: porque es solamente sonido y te permite hacer otras cosas mientras lo escuchas; porque es cómodo y porque es gratis crearlo, escucharlo y difundirlo. Además, se basa en el formato "radio", que ha sobrevivido a tecnologías mucho más avanzadas.

Siento que se trata de hacer algo que me encante y a mí me pirran los *podcast*.

## Descanso dominical

Ayer me lo tomé de descanso, pero hoy quiero contarte que de nuevo volví a tropezar con la misma piedra. Si. Risto Mejide se volvió a colar en mi retina con su programa.

Lo primero que hizo fue rememorar su encontronazo con Arcadi Espada. Concretamente la conversación sobre el tema de los nacimientos de hijos "defectuosos" y la apología del Síndrome de Down.

Mejide nos recordó que, tras escuchar la palabra "discutámoslo" de su invitado, lo que hizo fue sacarse de la manga al padre de un niño con Síndrome de Down mientras sonaba al piano el tema de *Forrest Gump*. Más bajo no se puede caer.

Este refrito que hizo del anterior programa lo adornó con todos los *tuits* de gente que pensaba como él. Todo un síntoma de cómo las redes sociales están ahí para atornillar nuestras convicciones y cerrar nuestro campo de visión; reduciendo de esta forma nuestra capacidad para empatizar con el que tiene un pensamiento diferente al nuestro o al de la sociedad en general.

En la noche de ayer, Risto Mejide tuvo como invitados a

Irene Villa y al padre de Diana Quer… espera… Juan Carlos se llama, que acabo de mirarlo en *Google*.

## La economía de la atención

Lo que me puso los pelos como escarpias tiene que ver con la "economía de la atención" que impera en nuestros días. Hacer lo que sea para que haya polémica y elegir el camino más escandaloso que eche gasolina al fuego.

Lo que contó Juan Carlos Quer va un paso más allá y puede que, esta vez SÍ, te haga verme como un anciano que grita a las nubes.

Diana Quer era una joven que murió en el año 2016 tras ser secuestrada y agredida brutalmente hasta la muerte por "El Chicle"; un delincuente reincidente en ese tipo de delitos y que fue detenido justo cuando iba a cometer un nuevo crimen.

Cuenta el padre de Diana que, cuando le tuvo frente a frente, "el Chicle" no fue capaz de mirarle a los ojos. Pero que le escuchó decir a un familiar que no se preocupara:

"que en siete años estaría fuera y que pidiera diez mil euros por una entrevista"

Ese comentario, que Risto Mejide no tuvo la sagacidad de aprovechar, me hizo pensar hasta qué punto pueden los medios de comunicación estar dispuestos a pagar por tener "información en exclusiva" que les de unos cuantos puntos de *Share* adicional.

Me hizo reflexionar sobre si vivimos en una sociedad *yonqui* que cada vez necesita más morbo para sentir esa tensión emocional que tanto parece gustarnos.

Es posible que pienses que esto siempre ha existido, como en el ejemplo de Nieves Herrero que mencione hace unas páginas, pero creo que las redes sociales han multiplicado la intensidad de este tipo de fenómenos morbosos y de periodismo basura.

Otro reciente ejemplo de esto fue el horroroso episodio del pequeño *Julen*, televisado al minuto y más cerca de la espera de un milagro que del respeto y la profesionalidad de los periodistas que cubrieron la noticia. Un bochorno colectivo sin precedentes.

Pero volviendo a las palabras de "El Chicle". ¿Qué pasaría si una forma de sacar a tu familia de la miseria fuera cometer un crimen mediático? Midiendo bien que no te caiga la prisión permanente revisable y atrayendo a los medios lo suficiente como para que estén dispuestos a pagar por contenidos exclusivos.

Ahí te dejo con la reflexión.

## DÍA 26. EMBUDO DE MARKETING

**Tengo un regalo para ti**

Hoy me han pasado varias cosas relacionadas con las decisiones adoptadas en este libro. Una de ellas tiene que ver con el concepto de "marketing digital" que todos hemos escuchado hasta la saciedad. Concretamente con el concepto de "embudo de ventas" que parece ser el mantra para conseguir clientes y éxito en internet.

Como he explicado al principio de este libro, uno de mis temores al eliminar diez de mis catorce canales de comunicación, tiene que ver con el hecho de perder ventas de mi negocio: mis charlas, monólogos y formación sobre *Storytelling*.

Entrando en la metodología del embudo de ventas, quiero centrarme en aquellas páginas *web* que te ofrecen un contenido gratuito "para engancharte".

El formato más común es el de un *Ebook* y hoy he vuelto a vivir esa experiencia. Se trata de una *web* en la que una periodista te habla de cómo salir en los medios. Inventando la rueda. Te regala un *Ebook* si le das tus datos de contacto. El libro en cuestión es un panfleto equivalente a esos que coges por la calle a la salida del metro y que de inmediato tiras en la siguiente papelera.

Exactamente igual.

Esta vez lo he descargado porque quería contar en este libro el resultado. El *Ebook* se titula:

"Guía rápida para escribir una nota de prensa"

Suena tan apasionante como parece. El resultado no es otro que un PDF jalonado de obviedades que están al alcance de una búsqueda de *Google*, pero que se adorna para que abulte un poco más. En ese momento, es cuando se desata una cascada de correos electrónicos que pretenden ser súper simpáticos y divertidos que te irán llegando de forma escalonada en días sucesivos.

Hasta las narices estoy de este sistema de ventas.

En realidad, lo que se produce con todo esto no es otra cosa que una recopilación de correos electrónicos para luego dar la vara a tus contactos y que un porcentaje te termine comprando. Un método que, no sé tú, pero a mí me tiene agotado.

Si alguna vez me descargo algún *Ebook* de este tipo lo termino borrando y hago lo propio con la lista de *Mailchimp* de turno que me hace llegar correos prefabricados y sin alma.

## El síndrome FOMO

Hablando de alma. En el día 4 te conté una conversación de Miguel Ángel, uno de mis compañeros de *Toastmaster*, de cuyo grupo de *WhatsApp* me salí al principio de esta experiencia. Él me decía literalmente

- "no te vas a enterar de lo bueno".

Y hoy he sufrido esa experiencia.

Lo que ha pasado hoy, es que la ubicación de la reunión de *Toastmaster* ha cambiado de sitio. Todo el mundo lo sabía menos yo. El motivo no es otro que haberme salido del grupo de *WhatsApp*. Me ha llamado la atención que, siendo yo uno de los más habituales a las reuniones, nadie se haya acordado de comentármelo.

Siento que las decisiones que estoy tomando en torno a las redes sociales tienen un coste.: tiene que ver con el FOMO y es una sensación que me lleva a la contrariedad.

Empiezo a dudar de que salirme de un grupo de *WhatsApp* vaya a potenciar otras formas de comunicación con sus miembros. Por la sencilla razón de que mi postura es minoritaria en ese colectivo en particular y en la sociedad en general.

Estoy yendo a contracorriente y la gente no va a modificar hábitos que son tan dependientes y alienantes como la comunicación escrita en un mensaje, en el que nos dejamos el 80% del lenguaje no verbal por el camino.

En términos coloquiales, lo que ha pasado hoy "me ha sabido a cuerno quemado" y se ha convertido en una señal de que la desconexión parcial de determinadas formas de comunicación en manada, está teniendo su efecto y me alegro por ello.

El "efecto manada" frente al modo "lobo solitario" hoy ha cobrado más sentido que nunca. Sobre todo, lo de "solitario".

## Suicidio para principiantes

Ha vuelto a ocurrir. Si hace unos días te contaba el agujero de *Youtube* que permitía a pervertidos visualizar y minutar vídeos de niños y adolescentes, ahora ha sido un vídeo sobre suicidios el que se ha colado en *Youtube Kids*: el canal que esta plataforma tiene destinado al público infantil.

Lo que han alegado los responsables de dicha plataforma es que "no revisan manualmente todos los vídeos" y piden la colaboración de los usuarios para poder detectar anomalías de contenido no adecuado.

El motivo por el que no revisan cada vídeo es que reciben millones por minuto. Entiendo entonces que eso genera un tráfico y unos ingresos concretos al canal, que es evidente que no se traduce en los recursos suficientes para garantizar el contenido de un canal específico para niños.

En realidad, les tengo que dar la razón. Nadie creo que nunca pueda desarrollar un algoritmo que sea capaz de detectar determinados contenidos que se basen, por ejemplo… en la ironía, el sarcasmo, las indirectas o las frases con doble significado.

Sin embargo, vuelve a parecerme muy grave que en un canal infantil se cuelen contenidos inadecuados. Si es un problema de volumen de vídeos a revisar se me ocurren varias cosas: que pongan más recursos, que en dicho canal entren menos vídeos y que su publicación no se produzca hasta que se hayan revisado. Aunque moleste al usuario, acostumbrado a lo de *Comprar en un clic.*

Me temo que con *Youtube* se hará bueno aquel dicho que su algoritmo ni huele: "no hay dos sin tres".

## Michael Sandel

A estas alturas ya hablo desde un sesgo como una casa de grande. El mismo que tiene la persona con un parche en el ojo y comienza a ver personas que también lo llevan.

Digo esto porque hoy me he topado con un vídeo de un profesor de Filosofía Política de la Universidad de Harvard llamado Michael Sandel. Habla de que la falta de debate, diálogo, reflexión y filosofía están provocando que las personas solamente reciban mensajes de aquello con lo que ya están de acuerdo. ¿Te suena? Mensaje que ha coincidido con la noticia de que la segunda cumbre entre Donald Trump y Kim Jong-un ha terminado de forma abrupta y sin llegar a ningún acuerdo.

¿Por qué relaciono ambos temas? Porque Sandel habla de cosas parecidas a las que Jaron Lanier me contó en su libro hace ahora casi un mes. Habla de la falta de empatía de los unos con los otros y de cómo nuestros pensamientos individuales se van reforzando, curiosamente, cuando somos tratados como una masa por los medios sociales de comunicación.

La estampa del presidente norteamericano y el líder norcoreano juntos no deja de ser una broma de mal gusto, que habla más de nuestra involución como sociedad que cualquier otra cosa. Imagino que esta forma abrupta de romper la cumbre y la negociación para la desnuclearización de Corea y el levantamiento de las sanciones económicas, tuvo que ver con la idea de que uno y otro empatizaron poco con la postura contraria.

En el caso de Trump, conocido adicto a *Twitter*, me lo imagino en plan *Torrente* mandando a la mierda a su interlocutor y dejando en agua de borrajas un encuentro entre dos personajes sacados de la mente de Ibáñez[16].

## Samuel Johnson

"El escritor Samuel Johnson decía que el lenguaje es la

---

[16] Francisco Ibáñez Talavera, es un historietista español, perteneciente a la segunda generación o generación del 57 de la Escuela Bruguera, junto a autores como Figueras, Gin, Nadal, Raf, Segura o Martz Schmidt. Wikipedia

ropa de los pensamientos y, si esto es así, los políticos actuales piensan con el chándal puesto".

Este párrafo está firmado por Javier Salas en Elpais.com. Concretamente, en un artículo titulado "El lenguaje político degenera hacia la simpleza" que habla de cómo se ha ido empobreciendo a lo largo del tiempo.

Es interesante el ingente estudio que se ha realizado para llegar a estas conclusiones y cómo, cada vez más, la multiplicación de medios de comunicación ha agravado esta plaga.

Ahora los políticos, ya lo habrás notado, hacen frases más cortas y que quepan en la mitad de un *tuit*.

Esto me hace ver y pensar, a través de mi sesgo, que el fenómeno de las redes sociales, la falta de empatía y la polarización de la sociedad están íntimamente conectados.

Acercándome a los días finales de este libro, siento que la transformación interior que estoy sufriendo, me hace poner el foco en lo que estoy viviendo. Está reforzando la idea de que estamos perdiendo la conexión con nosotros mismos y con los demás.

Mañana volveré. Quedan tres días.

## DÍA 30. HASTA LUEGO

Ha llegado el día 30 y se ha consumado mi desconexión de *Facebook*. La de *Twitter* todavía tardará unos días por mi reingreso accidental.

Hoy siento que necesito dejar de hablar de este tema. Comenzar una desintoxicación real de mi presencia en las redes.

Me despido hasta que sienta que tengo una sensación de balance, de echar la vista atrás y poder terminar este libro de una manera que merezca realmente la pena y que me ayude.

Si te ayuda a ti a reflexionar… sería algo maravilloso.

Nos vemos.

## PARTE DOS
## 6 MESES DESPUÉS

Cara mirada al móvil es una oportunidad perdida para
la imaginación
*José Sacris*

## Balance de daños

Hoy es 18 de agosto de 2019. Han pasado seis meses desde que escribiera las últimas palabras de este diario *Détox* de las redes sociales.

Siento que tengo la perspectiva suficiente como para terminar este libro, con una visión amplia que solamente te puede dar el paso del tiempo.

Sigo sin estar en las tres redes sociales de las que me borré y no las echo de menos. Pero tengo que admitir que esta decisión ha dejado algunos daños colaterales:

**- Perder el contacto con mis "fieles seguidores".**

He descubierto que hay determinadas personas que me seguían en las redes sociales y que, tras mi desaparición, no han ido más allá de preguntarse: "¿qué le habrá pasado?". Como si no hubiera otra forma de contactar conmigo.

En redes como *Twitter* tenía contacto con algunas personas y empresas que, desde que no estoy en esa red social, han perdido el interés en mí. Empresas para las que trabajaba gratis escribiendo *posts* a cambio de visibilidad. ¿Te suena?

<u>El aprendizaje ha sido</u> que todas estas personas y empresas van al saco de lo comentado el Día 22. Un NO a las pérdidas de tiempo y a seguir trabajando gratis.

**- No estar al día de los "virales del momento".**

En algunas conversaciones me he sentido fuera de lugar. Son aquellas en las que se comenta el vídeo o imagen que "lo está petando en las redes".

La velocidad con la que se suceden estos contenidos hace que la sensación de FOMO sea muy efímera. Además, viendo programas como "Zapeando" en *La Sexta*, puedes suplir esas "carencias" con creces y llegar a la conclusión de que nuestro fin como especie está cerca.

<u>El aprendizaje ha sido</u> que NO estar al tanto de todos esos virales tiene un efecto positivo en mi persona porque el 100% son tonterías.

**- No poder decirle al mundo lo que pienso sobre un tema.**

Esa sensación de que tengo algo ingenioso y muy potente que decirle al planeta es algo que no he podido hacer de forma masiva en estos seis meses.

<u>El aprendizaje ha sido</u> que NADA de lo que yo diga o piense tiene la trascendencia que yo suponía meses atrás. Ya hay alguien que seguramente ha pensado, dicho y publicado lo mismo antes y mejor que yo.

Hasta aquí el balance de daños. Vayamos con la lista de beneficios:

**- Optimizar mi perfil en *Linkedin*.**

Mi permanencia en *Linkedin* ha hecho que me haya especializado en esta red social. He estudiado a fondo la forma de mejorar mi perfil, lo que me está reportando grandes beneficios y me ha dado "visibilidad rentable": esa gran desconocida.

Antes lanzaba mensajes masivos en mis redes sociales y ahora elaboro mensajes personalizados para gente concreta. Eso implica leerme su perfil, participar de forma activa y hacer que la calidad se imponga a la cantidad.

Como anécdota contaré que he descubierto que *Linkedin* te permite saber incluso el cumpleaños de algunas personas. Es un dato que muchas personas ponen en su "Información de contacto".

Gracias a eso felicité al *Dircom* de una importante empresa con el que comparto la fecha exacta de nacimiento. Ese "touché" dio pie a una reunión para tomar un café que fue una mezcla entre el ámbito profesional con una alta dosis de implicación personal. En esa reunión surgió la conversación sobre este libro que estás leyendo y que, este compañero de día de nacimiento, estoy seguro que leerá con el máximo interés.

El aprendizaje ha sido darme cuenta que el número de seguidores o *Likes* no tiene nada que ver con la conversión de esas cifras en algo tangible y realmente beneficioso.

**- Optimizar mis canales de *Youtube*.** En estos seis meses he puesto en forma mi presencia en *Youtube*. En este último caso he dividido mi canal de monólogos y charlas de motivación en dos. De esta forma puedo focalizar más el público al que quiero dirigirme.

En este punto quiero elogiar a *Youtube* como un lugar en el que poder obtener formación básica y suficiente sobre infinidad de temas. Con todo el conocimiento encontrado en *Youtube* he podido optimizar mi *web*:

www.nachocaballero.com

Esto que comento no quita ni un ápice de carga a las críticas que he vertido sobre esta red social por su falta de rigor en el filtrado de contenidos.

El aprendizaje ha sido darme cuenta que esta red social se ha convertido en una televisión a la carta real para mí como consumidor. Gracias a eso puedo enfocar mi forma de llegar a mis clientes haciendo el camino inverso. ¿Quién me iba a decir que terminaría siendo un *Youtuber* al finalizar este libro?

**- Mejora de mis relaciones personales**. Tener menos redes sociales que "atender" me ha permitido revitalizar relaciones sociales olvidadas.

Hacerlo mediante mensajes directos de *WhatsApp* o llamadas de teléfono es la mejor forma de acortar el momento en el que poder quedar en persona. Una versión nítida de lo que recomienda uno de mis libros favoritos: "Nunca comas solo" (Keith Ferrazzi). Fruto de esta filosofía ha cristalizado mi colaboración con la empresa de *Team Building* que mencioné al comienzo de este libro. El Hospital de La Paz y la Escuela de Padres siguen en proceso.

El aprendizaje ha sido que, el tiempo que antes usaba para personas y empresas que eran irrelevantes en mi vida, ahora lo dedico a las personas que realmente me responden y que, muchas veces, tengo a "medio metro".

**- Mejorar la relación conmigo mismo**. Gracias al tiempo

liberado he podido dedicar más tiempo a una persona que me cae francamente bien: Yo.

¿Te acuerdas de mis intentos de ponerte en forma que te comenté hace meses? Este verano he conseguido con el método *Psicodiet*, diseñado por mi chica, ponerme en forma y perder esos kilos que me sobran de forma definitiva. Para conseguirlo ha sido clave eliminar ruido y distracciones a mi alrededor.

Paradójicamente, he utilizado de forma racional redes sociales como *Youtube* para lograr convertir el deporte en una rutina sólida.

También he notado un aumento de la capacidad para potenciar mi creatividad. El silencio y el aburrimiento son esos dos grandes aliados para la gente creativa. Las redes sociales mal utilizadas se encargan de aniquilar cualquier resquicio para la imaginación.

La lectura de libros y la escucha de *podcast* poniendo la máxima atención ha sido otro de mis logros. De esta forma, haciendo un símil gastronómico, he aprendido a masticar los contenidos que he consumido y multiplicar la sensación de aprendizaje.

Hablando de aprendizaje… en este caso ha sido que, hasta que no eliminas de verdad las redes sociales, no eres consciente de la cantidad de tiempo que te están robando y que te alejan de lo realmente importante.

## Durmiendo con tu enemigo

He descubierto que hay diferentes formas de estar en las redes sociales. Que son un medio para conseguir objetivos. El problema es cuando pensamos que estar en ellas representa un "fin" en sí mismo.

Esta reflexión me lleva a clasificar a los usuarios de las redes diferenciando entre los que contribuyen a crear INCORDIO y sus víctimas.

## 1. Espectador social.

Se trata de aquella persona que está presente en alguna red social pero solamente de forma pasiva. Consume contenidos en *Instagram* "como antes lo hacía en revistas de papel o digitales". Mi chica *dixit*.

Este tipo de persona vive en sus propias carnes la adicción que provocan las redes sociales porque se pueden pasar un buen rato mirando perfiles. Mientras sea un hábito acotado en el tiempo, no le veo mayor problema.

La ventaja de este tipo de usuario es que no genera contenido. No está sometido al premio/castigo con el que las redes sociales te atrapan a través de tu ego.

## 2. Víctima de INCORDIO.

Se trata del usuario de redes sociales que sube contenido sobre su propia vida pensando que le importa a alguien.

Esta es la tipología más tóxica con la que yo me he identificado a lo largo de los años y que provocó mi borrado de hace seis meses.

Esta persona lo que está haciendo es crear contenido gratis para que la red social siga funcionando. Normalmente es alguien cuyo ego está más necesitado que *Mediaset* de programas culturales. Entiendo que estas personas caigan en la trampa, porque apelar al ego con premios y castigos es un arma muy poderosa.

Esta víctima de INCORDIO pierde una cantidad de tiempo enorme en subir contenidos y en consumir el de otras personas, en ocasiones tan irrelevantes como él. Paradójicamente, es víctima y verdugo porque también contribuye a robar el tiempo de otras personas que visitan sus perfiles.

No hay ni rastro de beneficio tangible ni monetización en esta actitud hacia las redes sociales. Solamente el ego como combustible infinito para que este tipo de usuario siga enganchado a cambio de un <u>tiempo</u>

irrecuperable.

————————

Vayamos ahora con los que monetizan las redes sociales con diferentes niveles de honestidad.

## 3. Creadores de INCORDIO: los *espemajistas*.

¿Recuerdas una película de Tom Cruise titulada *Cocktail*[17]?

Un amigo del personaje de Cruise le saca de debajo de la barra del chiringuito donde trabaja, un libro que lleva como título "Cómo ser empresario en 10 minutos". Cuando vi aquella escena en los ochenta, pensé que los americanos eran imbéciles por comprar ese tipo de libros.

Como todo se pega menos la hermosura, ese nivel de imbecilidad ha llegado a nuestra "cultura popular" gracias a los *espemajistas*; que parecen majos pero son un espejismo.

He hablado de ellos en mis redes y les he dedicado varios *posts* con sus diferentes variantes. Son aquellas personas que te "venden motos" y humo en internet.

---

[17] **Cocktail** es una película estadounidense dirigida por Roger Donaldson **y producida por** Touchstone Pictures **en** 1988

Sus seguidores son adictos a la parálisis por análisis de forma infinita.

Ya hablé en el día 26 sobre los embudos de ventas y que tienen mucho que ver con los *espemajistas*.

Se trata de personas que te venden algo que no tiene absolutamente nada que ver con un talento que ellos tengan. Son simplemente clones que han aprendido un método que ellos replican montando un negocio sin alma. Virtuosos del copiar-pegar sin estilo.

En algunos casos, lo más sofisticado que han hecho ha sido descubrir algún "infoproducto" en inglés y lo han trasladado al castellano.

Te sueles encontrar con estos cantamañanas futuristas cuando ves determinados vídeos en *Youtube:*

- Hay un chaval que te vende "the Survey Mastery" y que te enseña sus oficinas de Barcelona como si realmente fueras bobo y no te dieses cuenta de que es un montaje.

Detrás de esto lo que hay son cursos de *Dropshipping* que básicamente consiste en comprar productos baratos en unas *webs* y venderlo en la tuya propia con un margen. Hay poco talento en la propuesta y la competencia se reduce a que lo vendas más barato que el de la *web* de al lado.

Cuando termines, tira de la cadena.

- En el *Coaching* estamos sufriendo una auténtica plaga de trileros que te prometen que, en media hora y de forma gratuita, podrás eliminar todas tus creencias limitantes. En ese ratito podrás mandar a paseo todo aquello que te ha atormentado durante toda tu vida y convertirte en "la mejor versión de ti mismo".

- También tienes a una chica que te cuenta que se ha arruinado dos veces mientras de fondo puedes ver un avión de combate porque está en un lugar "sofisticado". Lo que hace a continuación es decirte que te va a contar que ha pasado de la bancarrota a beneficios de siete cifras. Ni me he molestado en averiguar más porque su lenguaje no verbal casi me provoca una lipotimia.

- Cómo no mencionar a un personaje que lo que hace es ofrecerte la posibilidad de "hackear" tu mente para instalarte las diez o doce ideas que tuvieron los emprendedores más exitosos de todos los tiempos. Te promete que tu vida dará un giro de 360 grados.

Mátame camión, *again*.

En este último caso me tomé la molestia de rastrear su

web y hacer una consulta sobre los beneficios reales de su empresa en páginas que te las proporcionan de forma legal. Averigua el resultado: más humo que en una tertulia cinéfila moderada por Garci[18].

El motivo por el que proliferan estos "vende motos" es porque el combustible de INCORDIO es la atención de las personas. Por eso no dudan en mentir a la gente prometiendo milagros de todo tipo:

- *Cómo ganar dinero sin invertir.*
- *Conviértete en millonario al instante.*
- *Cómo encontrar tu mejor Yo.*
- *Genera riqueza ilimitada.*
- *Atrae cosas buenas.*
- *El secreto para conseguir tu mejor versión*
- *Conseguir cosas imposibles (100% real)*

Lo que es real son los títulos que acabo de copiar de *Youtube*. Como ves, todo un mercadillo de cretinos que se aprovechan de la gente a la que tanto dicen querer ayudar.

### Afíliate, que algo queda

Muchas veces el negocio de estos gurús consiste en que te apuntes a determinadas páginas a partir de sus

---

[18] ¡Qué grande es el cine! fue un programa de cine dirigido por José Luis Garci y emitido por Televisión Española por su cadena La 2. En ese programa había humo de cigarros como si no hubiera un mañana.

"enlaces de afiliación", aunque esa *web* no proporcione contenido de valor para el dócil seguidor. Por cada alta en la *web* "X" con un enlace de este tipo, supone un ingreso para el afiliado.

Te hablan maravillas sobre el tema que sea, para que te apuntes vía un enlace suyo y ellos ya han hecho el negocio.

También me llama la atención que muchos de estos generosos compulsivos, titulen sus vídeos con la palabra "secreto". ¿En serio lo es y lo pones en *Youtube*? ¿A qué se debe que tú, como "Elegido" para revelarlo, decidas que lo pueda saber todo hijo de vecino?

Efectivamente, lo que parece… Es.

A medida que avanza la competencia, estos kamikazes codiciosos aumentan el tamaño de sus promesas y mentiras para que la gente siga haciendo "clic" en sus contenidos.

Lo más grave de todo es que hay profesionales de prestigio que se han vendido a esta forma de "vender motos"[19] por internet.

---

[19] **vender la moto** (coloq): convencer o engañar a alguien, haciéndole creer o aceptar algo que no es del todo cierto; colocarle a alguien una idea o cosa sin valor real.

Hay una psicóloga deportiva, de reconocido prestigio, que vende fórmulas "Mr. Wonderful" como si fueran homeopatía emocional. También nutricionistas que publican contenidos, cada vez más alejados de la evidencia científica, para conseguir tráfico en sus contenidos. Sin demasiado esfuerzo encontrarás los beneficios de beber dos litros de agua a diario y la idea contraria.

Afortunadamente, hay personas que surgen en las redes sociales y que tienen unos sólidos cimientos detrás. Es entonces cuando, con un buen plan y mucho trabajo, el éxito no tarda en llegar.

## 4. Historia de una *Influencer*.

Estamos acostumbrados a pensar que las redes sociales pueden convertirte en famoso y en *influencer*. Es verdad. Yo he vivido el surgimiento de *La Gata de Schrödinger* muy de cerca. También parte de la *cara B* de todo ese proceso.

Sin embargo, perdemos de vista que para conseguir ese viaje desde *A* hasta *B* tiene que haber unas condiciones previas.

Antes de que *La Gata de Schrödinger* se convirtiera en una *influencer,* ya era una persona con una formación de alto nivel y estaba capacitada para la comunicación oral.

Rocío Vidal, que es su verdadero nombre, es una persona apasionada por la ciencia, la divulgación y con unas inquietudes muy por encima de la media.

Lo que hizo fue crear un canal de comunicación repleto de foco para contárselo al mundo. Las redes sociales fueron un medio para su propósito previo. Tenía un plan que ha ejecutado a la perfección.

Dejó de buscar trabajo y creó el suyo propio.

Las redes sociales son una enorme oportunidad porque ponen a nuestro alcance una infraestructura de comunicación con el exterior, que antaño solamente tenían las grandes corporaciones.

———————

La diferencia entre los creadores de INCORDIO y los buenos creadores de contenidos es la honestidad y el talento. Los *espemajistas* ganan dinero engañando a la gente y vendiendo cursos y libros que son como la comida basura. Al rato tienes hambre otra vez, pero tu dinero ya ha volado.

Los buenos creadores de contenidos, como *La Gata de*

*Schrödinger,* Sergio Peinado, o Jaime Altozano, utilizan las redes sociales para hacer llegar su conocimiento a un público de forma honesta. Aprovechando todas las prestaciones a su alcance para multiplicar su repercusión.

En este capítulo he querido repasar diferentes tipologías de los usos que se pueden hacer de las redes sociales. Desde la persona espectadora hasta los que las usan con diferentes intenciones y resultados. Lo que ahonda en la idea de que las redes sociales no son malas en sí mismas. Depende del uso que hagamos de ellas.

## EL MARKETING DIGITAL ESTÁ SOBREVALORADO

En este penúltimo capítulo quiero hablarte de otros creadores de contenidos que he consumido durante estos seis meses.

### Un verano en compañía

Este verano lo he pasado, aparte de con mi familia, acompañado por Romuald Fons, Sergio Peinado y Maider Tomasena. El primero es experto en SEO[20], el segundo un entrenador personal que me está ayudando a ponerme en forma y la tercera es una "experta" en *Copywriting*. Las comillas no son aleatorias.

Los tres son modélicos a la hora de diseñar y ejecutar un embudo de marketing:

1. Dar contenido de valor a raudales. En forma de *Ebooks* y vídeos gratis como principal estrategia y tras la cual recaban tus datos de contacto.

2. A partir de ese momento se desencadena una frenética cadena de *emails* que llevan tu nombre pero que, como ya he comentado, suenan más falsos que un billete de cuatro euros.

---

[20] **SEO** es una sigla que procede de la expresión inglesa **Search Engine Optimization**. Se trata de la técnica que consiste en optimizar un sitio web para que alcance el **mejor posicionamiento posible** en los **buscadores de Internet**.

3. Van a porcentaje. Tras haber creado una comunidad de seguidores enorme a la que meten en esa cadena de emails, cuentan con haber generado un vínculo lo suficientemente fuerte con algunos de ellos para llevarlos hasta la venta de su producto.

Siguiendo este modelo lo que hacen es inflar el precio real de lo que quieren venderte para luego dividir por diez ese coste y decirte que ese precio tan especial es "por tiempo limitado". Romuald es el que más se pasa de frenada con diferencia, porque dice que te "regala" un curso que vale diez mil euros por la décima parte de ese coste.

Si tienes un CI inferior a cincuenta puede que te lo creas.

A pesar de mis críticas a esta forma de vender, reconozco que es un método que funciona pero que tiene enormes carencias.

*Ejemplo:* En el caso de Sergio Peinado estuve a punto de comprar su producto "FuertaFit". El coste en oferta era de 97 euros frente a los 197 del coste normal.

Lo que pasó fue que dejé pasar el plazo solamente unas horas para ver cómo reaccionaban a un cliente "descarrilado". Fue entonces cuando escribí directamente al correo del que me llegaban las comunicaciones. Su respuesta fue que no podían hacer excepciones y que me tendría que esperar a alguna oferta lanzada en redes sociales en las que ya no existo. Que estuviera pendiente. *¡Juas!*

Algunos conocidos a los que les he contado esto me dicen que lo ven lógico el que no hicieran la excepción. Para mí es la confirmación que este tipo de negocios carecen, no solo de alma, sino también de cintura.

Te cuento estos tres ejemplos porque a mí me han sido muy útiles los contenidos gratuitos de estos tres *influencers*.

## Cuando los árboles no te dejan ver el bosque

Mi página profesional, www.nachocaballero.com, hasta hace unas semanas estaba completamente enfocada a contar mis méritos profesionales. Gracias a los contenidos gratuitos de Maider Tomasena sobre *Copywriting*, he conseguido dar un giro de 180 grados.

Si añadimos los conocimientos de SEO para posicionar contenidos que he obtenido gracias a los tutoriales gratuitos de Romuald Fons, el resultado es que mi página *web* aparece en la primera página de *Google* cuando tecleas "experto en storytelling". Antes de verano, ni siquiera era indexada por ese concepto y, en pleno mes de agosto, salía en la segunda página de búsqueda.

Es cuestión de formarse, fijar un objetivo y pasar a la acción para conseguirlo. Poniendo foco y dejando de perder tu precioso Tiempo.

Puntualizo. En relación al *SEO* me quedo con la parte técnica y no tanto con seguirlo a pies juntillas. Porque internet se ha llenado de textos que no están escritos para el *SESO* de la gente, sino que está redactado para el *SEO* de *Google* y se nota. Por eso creo que se trata de seguir siendo libre, constante y conocedor de algunas nociones para no ser uno más. Para no escribir lectura basura que posicione muy bien pero que suene a hueco.

El vínculo que tiene todo esto con el contenido de este libro es que salir de las redes sociales masivas me ha proporcionado mucho tiempo libre. El gran beneficio ha sido la capacidad para ver el bosque desde fuera y poder diseñar una estrategia que, paradójicamente, puede llevarme a retomar el uso de alguna red social de las que he abandonado porque sirva al cumplimiento de mis objetivos concretos.

De momento sigo sin necesitarlas.

# PARTE TRES
# CONCLUSIONES

Llegamos al final de este viaje. Lo hago con la sensación de que es un punto y seguido que quizá tenga continuidad en alguna de mis redes sociales vigentes.

Como despedida quiero mencionar las principales ideas que he sacado de esta experiencia y que, en todos los casos, pueden sufrir cambios en un futuro.

1. **Las redes sociales son una herramienta extraordinaria para conseguir un fin concreto.**

Si tienes un negocio o un proyecto en tu vida real y quieres potenciarlo, tienes a tu disposición una infraestructura a nivel de comunicación de proporciones infinitas. Si la usas bien podrás rentabilizar tu proyecto y hacerlo cristalizar.

Si generas contenidos de calidad para tu audiencia, eso se traducirá en TIEMPO; ya sea de lectura, escucha, descargas o visualización de tus contenidos. Hacer esto es algo que te beneficia tanto a ti como creador, como a tu audiencia.

En este complicado equilibrio es en donde creo que las redes sociales tienen un aspecto cien por cien positivo.

Yo mismo soy audiencia satisfecha de Romuald, Sergio o Maider. He consumido sus contenidos, los he puesto en práctica en mi vida real y he obtenido buenos resultados. Es una relación de "win, win".

El gran "pero" de esta estrategia del embudo es que los negocios pierden alma y van a la cantidad en lugar de a la calidad. Mi experiencia como empresario es tratar a cada cliente como si fuera único... y eso no se consigue con *emails* prefabricados.

En los últimos días de creación de este libro he contactado con uno de los Conferenciantes más famosos de España. Hemos intercambiado varios correos electrónicos que, por supuesto, los dos hemos escrito en primera persona. Sin robots ni embudos que imposten nuestra voz.

Él es un ejemplo de predicar con el ejemplo de lo que cuenta en sus conferencias: la actitud es lo que diferencia a los cracks de los chusqueros. Si necesitas más pistas, vete a Baqueira ;-)

**2. Los medios de comunicación y la política están contaminados de *imbecilidad*.**

Tras vivir dos elecciones en España durante la creación de este libro puedo confirmar que, tanto los periodistas como los políticos, se han vendido a la búsqueda de *Likes* en detrimento de la calidad de los argumentos y la profesionalidad de su cometido.

En la política podría mencionar a más de un político ahogado en su propio ego y que cada día se levanta buscando el *#hashtag* que más calienta.

Lo realmente grave en este ámbito es que tragedias como Trump, Bolsonaro, *Vox* o el *Brexit* habrían sido mucho más difíciles de ver materializadas sin la manipulación de las masas en las redes sociales; que han permitido que este tipo de fenómenos, que no son nuevos, crezcan en un tiempo récord y sin necesidad condiciones propicias previas.

A tres días de publicar este libro ha vuelto a la actualidad Juan Carlos Quer, padre de Diana Quer, al que mencioné en uno de los primeros capítulos. Este padre coraje ha denunciado ante los tribunales la intención de Ana Rosa Quintana [21] de emitir una reconstrucción del asesinato de su hija, incluyendo un maniquí, en el que participó su asesino confeso: "El Chicle". Un triste punto y seguido de lo que algunos medios de comunicación son capaces de hacer con tal de conseguir audiencia.

## 3. El periodismo como profesión prostituida.

Ahondando en el punto número dos, quiero romper una lanza en favor del periodismo de calidad. Ese que busca

---

[21] Ana Rosa Quintana Hortal es una presentadora de televisión y empresaria de la comunicación española, cuyo trampolín fue publicar una novela que había plagiado.

información, la comprueba, la contrasta, la elabora y finalmente la comunica a sus potenciales oyentes, lectores o espectadores.

El drama es que ahora cada persona u organización es un medio de comunicación en potencia. Eso explica que determinadas ideologías tengan su público. Porque se saltan el rigor, la seriedad, el contraste de lo que dicen, la elaboración y veracidad de sus afirmaciones. Pueden decir lo que quieran y tienen un público igual de irracional dispuesto a escucharlo... y hasta votarlo cuando toque.

## 4. **Hay que darle al público lo que quiere ver.**

Esa frase la decía el profesor Castro, un personaje de la película *Tesis*[22], de Alejandro Amenábar. Esas palabras servían para explicar por qué había un mercado negro de asesinatos reales grabados en cintas de vídeo.

En los tiempos que vivimos la realidad supera a la ficción. En este punto os quiero hablar de la versión *gore* de los nefastos *espemajistas*.

Durante estos seis meses hemos asistido a matanzas reales en Nueva Zelanda retransmitidas en directo por

---

[22] *Tesis* es una película española de suspense de 1996 escrita y dirigida por Alejandro Amenábar y protagonizada por Ana Torrent, Fele Martínez y Eduardo Noriega. Es el primer largometraje de Amenábar.

*Facebook*; retos virales como defecar en piscinas públicas en Valencia; el drama de una trabajadora de *Iveco* que se suicidó víctima de  la violación de su privacidad a través de *WhatsApp*; los estrangulamientos en Granada entre adolescentes como parte de un "juego"; unos padres egipcios que despertaban y molestaban a su bebé recién nacido para conseguir *likes* porque dormido bajaba su audiencia; sin olvidar aquellos *influencers* que mueren en directo ejecutando retos peligrosos, se frotan con las paredes de Chernóbil o rompen estatuas de más de 200 años para ganar seguidores.

Ding, dong… parada solicitada.

## 5. **Las redes sociales son un altavoz gigantesco para visibilizar causas nobles**.

Lo mismo que te digo lo anterior, te digo lo contrario. La potencia que tienen las redes sociales también es infinita para hacer el bien y dar visibilidad a problemáticas sociales que, de otra forma, no sería posible.

Haciendo memoria, me acuerdo de un chaval que estudiaba aprovechando la luz de las farolas y cuya historia se hizo viral. Gracias a las redes sociales un multimillonario puso remedio a tal situación de pobreza del chico y su familia.

También el fenómeno social contra el cambio climático liderado por Greta Thunberg ha tenido en las redes sociales un catalizador muy potente. Aunque me temo que su movimiento global será engullido por El Sistema. Al tiempo.

**6. Hay una relación directa entre las víctimas de INCORDIO y su aislamiento en la vida real.**

En este caso me refiero a los que usan las redes para alimentar su ego sin ningún tipo de fin profesional o de entretenimiento acotado en el tiempo. Estas personas son las que alimentan a INCORDIO de forma ininterrumpida.

Son hiperactivos en redes sociales y las llenan de contenidos que, en realidad, a nadie le importan. No se convierten en oportunidades de mejora de ningún tipo en su vida real y acaparan todo su tiempo libre.

La parte mala de todo esto es que, el tiempo empleado en trabajar gratis para las redes sociales, se traduce en que descuidan el cuidado de sus relaciones personales en la vida real. No tienen tiempo de nada. Tampoco para leer este libro.

En el caso de que sean personas con algún talento artístico, éste nunca saldrá a la luz porque están demasiado ocupados subiendo fotos que reciben *Likes* de Méjico, Egipto o Brasil. Todo muy cosmopolita.

La conclusión es que pueden tener un número importante de seguidores, pero a la hora de la verdad tienen menos amigos en 3D que el abuelo de *Heidi*.

¡Despierta copón!

### 7. **Te puedes salir de un grupo de *WhatsApp* y que eso beneficie a tu relación con los miembros del mismo**.

La experiencia con el grupo de *Toastmaster* que he contado en este libro es un ejemplo de esperanza.

La relación dentro de ese grupo ha mejorado con todos sus miembros. Lo único que me estoy perdiendo son los contenidos de relleno que hay en el grupo durante la semana.

Vivimos una epidemia llamada "no tengo tiempo". Detrás de esta afirmación hay personas que son rehenes de grupos de *WhatsApp* que les roban miles de horas de su vida y de los que no son capaces de deshacerse. Grupos que se han convertido en un lugar en el que se comparten virales, chorradas y se felicitan cumpleaños. Te levantas por la mañana y ves el primer mensaje que felicita al afortunado del día. El resto de la jornada será una cascada interminable de felicitaciones que podrían hacerse en el *WhatsApp* del destinatario y librarnos a los demás del ruido.

No es que tengas ladrones de tiempo, es que te están saqueando.

## 8. **Los embudos de ventas y la adicción a lo gratis**.

Muchas de las personas que son activas en las redes sociales son adictas además a que todo sea gratis.

Para ejemplo un botón: una persona muy cercana a mí es responsable de las redes sociales de un importante teatro de Madrid y me cuenta que la gente le "exige" entradas gratis. Ya no se conforman con los sorteos que de vez en cuando realiza el Teatro por iniciativa propia. Pagar diez euros por una entrada es un mundo para personas mal acostumbradas a no pagar por nada.

Parte de la culpa la tienen los embudos de ventas. El dar tanto contenido gratuito hace que la gente considere que el esfuerzo de los demás no vale dinero.

En esto quiero matizar que el contenido gratuito de Sergio Peinado o Romuald Fons es para quitarse el sombrero. Es tan bueno que es muy posible que, para gente como yo, sea más que suficiente y nos cueste pagar por algo más.

Como verás, no oculto mis contradicciones.

## 9. Jaron Lanier tenía razón… en parte.

El autor del libro que dio origen a este que estás leyendo creo que se pasó de frenada. Con esto no quiero decir que no tuvieran razón en gran parte de lo que afirma en su libro, pero creo que hay que diferenciar.

Cuando tú cuentas tu vida entera en las redes sociales, sin ningún fin concreto, estás expuesto a que toda la información que facilitas puede ser utilizada con fines poco éticos. Si hablas sobre tus gustos, hábitos de consumo, lugares de vacaciones, creencias religiosas, educación de tus hijos, ideología política y forma de dormir… no te extrañe que las empresas se tiren en plancha a por ti.

Te recomiendo la charla *TED* de Jaron Lainer en la que concluye diciendo: "lo que no puede ser es que, para que dos personas se comuniquen, lo tengan que hacer a través de un sistema financiado por un tercero que intenta manipular a ambos". Suena a *1984*, de George Orwell[23], que tira para atrás y se solucionaría con una llamada de teléfono: resucitando a Gila.[24]

---

[23] *1984* (en su versión original en inglés: *Nineteen Eighty-Four*) es una novela política de ficción distópica, escrita por George Orwell entre 1947 y 1948 y publicada el 8 de junio de 1949.

[24] Miguel Gila Cuesta fue un actor, humorista y dibujante de

La cosa cambia cuando lo que compartes en las redes sociales tiene que ver con tu negocio o con algo artístico que realizas. Al fin y al cabo, lo que estás haciendo es utilizar las redes sociales para vender tu producto ayudando a la gente y eso tiene todo su sentido. Si tus potenciales clientes consumen ese contenido, y luego lo ponen en práctica en su vida real, considero que es un uso sano de las redes sociales.

La clave de todo es que mantengas un equilibrio entre tu vida *offline* y tu vida *online*. Haciendo que predomine la primera sobre la segunda.

El hacer un uso profesional de las redes sociales ayuda mucho a dosificar su uso. Tiene un cierto paralelismo con organizar tu trabajo y acotarlo para que no invada tu vida personal. Como el que sube y baja la persiana de un comercio. Hay que tener un horario.

Está sobrevalorado lo que las redes sociales pueden hacer por tu negocio. Vale más un buen contacto con el que te terminas tomando un café, que pretender que te sigan miles de personas a las que no vas a ser capaz de hacer sentir como clientes únicos.

No descuides lo más básico en relación a tus clientes: ayudarles sinceramente y tratarles de forma

---

historietas español. Wikipedia

personalizada de verdad. Si no puedes escribirles un correo tú mismo, tu negocio se está quedando sin alma.

10. **Ya no me gusta.** Las redes sociales están diseñadas para que sus creadores ganen dinero. Para ello necesitan contenidos que los proporcionan las personas que las usan de forma gratuita y que son el combustible de INCORDIO.

La gran diferencia y beneficio está en usar las redes sociales exclusivamente con fines profesionales. En ese sentido formarás parte de un sistema en el que la atención del usuario/cliente beneficia al dueño de la red social. Si lo haces bien, también te beneficiará a ti. Acuérdate de hacerlo de forma honesta y sin vender humo. *Espemajistas Go Home.*

Si tus vídeos son vistos por tus seguidores, tus *posts* leídos por tus lectores o tus comentarios compartidos por otros usuarios cualificados, lo lógico sería pensar que eso tendrá consecuencias en tu vida real que harán crecer tu negocio.

Deja que tu vida personal transcurra en escenarios reales, infórmate a través de periodistas de verdad y aléjate de los *Likes* que son ego para hoy y soledad para mañana. Llama por teléfono, queda con la gente, pisa fuerte allá por donde pises.

Si tienes hijos, preserva su intimidad para que se desarrollen de forma sana como personas íntegras hasta que sean capaces de gestionar ese monstruo cargado de ego que representa INCORDIO.

YA NO ME GUSTA perder el tiempo en las redes sociales a cambio de nada. Entiendo que son un negocio y que ni *Google* ni *Facebook* son *ONGs*. Han sido creadas para ganar dinero a cambio del tiempo de los demás. En demasiadas ocasiones no han dudado en jugar sucio para disparar el interés por sus contenidos, aunque estos fueran ilegales y/o inmorales.

Decía Lanier en su libro que la solución sería que las redes sociales fueran de pago y por tanto, de calidad. Estoy completamente de acuerdo.

Esto acabaría con el anonimato y la impunidad. Quizá entonces quedarían fuera los *haters*, los *espemajistas*, los anti vacunas y los *terraplanistas*, entre otros. Tendríamos redes sociales con contenidos veraces y de calidad.

El día que eso pase volveré a hacer clic en *Me Gusta*.

Si te gusta este libro, lo que más me ayuda a seguir
escribiendo es tu reseña en Amazon. Puedes hacerlo
aquí:
https://tinyurl.com/yanomegusta
Gracias de corazón

# GRACIAS

Quiero darte las gracias por haber terminado de leer este libro. Por el tiempo que le has dedicado y que no has empleado en atender a tus redes sociales.

Es un libro repleto de contradicciones. Lo has notado ¿verdad? Es el síntoma más claro de que he vivido un proceso natural en el que he sacado algunas conclusiones. Ojalá te ayuden a replantearte algo en tu relación a la tecnología. Si eres de los que vive a salvo de INCORDIO, te felicito y me alegro de haberme pasado al lado claro de la fuerza.

Tengo que confesarte algo. Estoy promocionando este libro en las redes sociales que tengo a mi alcance. Dije que no lo haría, pero no puedo evitarlo tras llegar a las conclusiones que he compartido contigo. Es verdad que lo estoy haciendo con una sutil diferencia: con la décima parte de insistencia y llamando amablemente a las puertas de personas que creo que les puede interesar.

Que quede entre tú y yo; cuando comencé este libro pensé que sería una bagatela al tratar un tema menor y marginal. Me sentía como Piqué[25] en un entrenamiento

---

[25] Gerard Piqué Bernabéu es un futbolista español que juega como defensa central en el Fútbol Club Barcelona de la Primera División de España

del Real Madrid: muy fuera de lugar. (Ojito al segundo apellido de Gerard :-)

Tras el lanzamiento del *booktrailer* hace un par de días, he descubierto que este movimiento de desconexión de las redes está comenzando a tomar fuerza. Hay mucha gente cansada de las cabezas agachadas y de sentir que el tiempo se le escapa entre los dedos. ¿Te acuerdas de *La Nada* de La Historia Interminable [26] ? Eso es INCORDIO. Ojalá sea el comienzo de un uso racional de las redes sociales. Todos saldríamos ganando.

Quiero aprovechar estas últimas páginas para recomendarte algunos contenidos que he consumido durante este proceso y que, en algunos casos, he mencionado en el libro:

- **Toastmaster**. He hablado tanto de este grupo tan fantástico que no puedo dejar de recomendarte que te unas a nosotros. Nos reunimos todos los martes de 19:30 a 21:00 en la Calle Salamanca  n° 25 en Madrid. Si alguna vez cambiamos de ubicación búscanos en *Google* poniendo "Toastmaster Nova".

Alternamos las sesiones en inglés con otras en castellano. Mejorarás tus habilidades para hablar en público, dar y recibir *feedback*, así como tus aptitudes

---

[26] La historia interminable, es una novela del escritor alemán Michael Ende publicada por primera vez en alemán en 1979.

para el liderazgo.

Además de las cañas de después.

## LIBROS

**- Diez razones para borrar tus redes sociales de inmediato.** De Jaron Lanier. Cómo iba a faltar la recomendación de este libro que ha provocado la escritura del que tienes entre tus manos.

Lo que he contado sobre el libro es solamente la punta del iceberg. Merece mucho la pena su lectura porque está lleno de rigor, estudios y mucha profundidad. No te pierdas lo que sucederá con los *podcast* cuando el algortimo de *Google* sea capaz de rastrearlos. Te estallará la cabeza.

Enlace al libro: https://amzn.to/2LEZCpE

**- Reinicia.** De Jason Fried. Uno de los mejores libros que ha caído en mis manos durante los últimos meses. Ataca sin piedad mucha de las tontunas de nuestro tiempo: que si las empresas tienen que crecer cada año, que si fracasar está genial… ¿Te suena?.

Enlace al libro: https://amzn.to/2OeQhXj

**- La vía del creativo.** De Guillaume Lamarre. Un

interesante libro sobre creatividad que devoré en dos ratos. Tiene un esquema muy ameno con algo de teoría y con una parte muy práctica. Me lo regaló Fátima y, una vez más, dio en el clavo.

Enlace al libro: https://amzn.to/2ObrhjQ

**- Fijando Precios.** Un libro de Jagmohan Rahu. Es un interesante manual con el que aprender a fijar precios en los productos que vendas en tu negocio.

Enlace al libro: https://amzn.to/2NvwjrF

**- La revolución individual**. De Luis de Cristobal. Un interesante libro que habla de que el cambio que queremos en el mundo, comienza por nosotros mismos.

Enlace al libro: https://amzn.to/2NspRlw

**- Mestizos.** De Mónica Gómez Pedreira. Novela histórica que se desarrolla en los años sesenta en diferentes ubicaciones. Una historia muy bien contada y con un alto mimo por la buena escritura.

La autora es una de las editoras de este libro, a la que agradezco de forma infinita su esfuerzo por una labor tan rigurosa en tiempos revueltos.

Enlace al libro: https://amzn.to/2NrbHRq

- **El viaje del equilibrista**. De David Blay y Daniel Abad. Es la primera vez que puedo leer un libro antes de que se publique. En este caso conté con la confianza de David para que le diera mi *feedback*.

Es una historia fantástica que, a través de la vida de un equilibrista que se cae por primera vez, construye un relato positivo y reflexivo sobre lo verdaderamente importante en la vida. Brillante historia escrita a cuatro manos.

Enlace al libro: https://amzn.to/2ABisru

## SERIES Y TV

- **Paquita Salas.** Tercera temporada disponible en *Netflix*. Una serie que va a más y que en esta temporada nos descubre un personaje sublime: Noemí Argüelles. Lo interpreta Yolanda Ramos y es carne de *spin off*. Sublime el capítulo en el que se ridiculiza a las redes sociales.

- **Chernóbil.** Una obra maestra del cine y la televisión. Sentirás la radiación en tu propia casa gracias a una ambientación brutal. Pone los pelos de punta. ¡Qué buena!. Disponible en *HBO*.

- **Ladrones de tiempo.** Un documental de Cosima

Dannoritzer; la famosa autora del documental "Comprar, tirar, comprar" sobre la obsolescencia programada. En esta ocasión nos regala un documental sobre el bien más escaso de nuestros días: el tiempo. Ese que las redes sociales e INCORDIO devoran sin parar.

La única forma de verlo es poniendo en *Google:* "ladrones de tiempo TV3". Que lo disfrutes.

## PODCAST

**- El Diario de Martín.** Un *podcast* fascinante sobre Martín Ainstein, enviado especial de la cadena ESPN en los partidos de la *Champions League* de fútbol. Lo que más me gusta es que habla de fútbol sin hablar de fútbol. Reflexiona durante sus traslados como corresponsal sobre ciudades, países, aficiones y la idiosincrasia de algunos equipos del deporte Rey.

Tiene una voz hipnótica con la que me engancha mientras habla desde aviones, estaciones de tren o habitaciones de hotel. Muy recomendable.

**- La Libreta de Van Gaal.** Otro fantástico *podcast* que ridiculiza de forma magistral a los tertulianos deportivos más casposos de nuestro país. Muy divertido y un generador infinito de vergüenza ajena.

**- Tu dinero nunca duerme.** Un *podcast* sobre finanzas domésticas en el que te enseñan, de forma amena y didáctica, a invertir tu dinero con cabeza y evitando que se lo coma la inflación.

Lo del colchón es otro cuento macabeo que nos contaron.

**- Soy Solo.** Un podcast de Leo Piccioli. Se trata de la versión *podcast* de su libro. Un interesante análisis sobre el liderazgo con pequeñas historias personales que funcionan muy bien en este formato.

Este *podcast* me ha inspirado para convertir mi libro anterior, *NSET*, a formato audio. Estoy en ello.

**- Madresfera.** El *podcast* de Mónica de la Fuente, mencionada en este libro, en el que todas las mañanas tienen un fantástico "buenos días" para padres y madres a las 7:15 de la mañana. Lo puedes escuchar a través de la *web* de "Spreaker".

**- Entiende tu mente.** Un fantástico *podcast* que habla de forma distendida de las emociones. Es de los pocos foros en los que, aunque hablan de los famosos *tips*, lo hacen tomándose en serio a ellos mismos y a sus oyentes.

**- LinkedIn Sencillo.** Un *podcast* de David Díaz Robisco

que te ayudará a poner en marcha una de las redes sociales que, si sabes optimizar, hará que te luzca el pelo.

## APLICACIONES y PÁGINAS *WEB*

- **Anchor.** Plataforma para la creación de *podcast* disponible en *App Store* y *Google Play*. No hay forma más sencilla de crear tu propio *podcast*. Te la recomiendo efusivamente porque creo, cada vez más, que la voz es el formato del futuro. Por la sencilla razón de que es el único, frente a lo escrito y lo visual, que te permite hacer múltiples actividades al mismo tiempo.

- **Etoro.** En estos meses de ausencia en las redes sociales he aprendido a invertir mi dinero. Con esta aplicación, que es una red social de inversores, descubrirás que se puede estar mirando el móvil porque se trate de un trabajo. Date de alta en el siguiente enlace y nos harán un regalo a los dos. http://partners.etoro.com/A78247_TClick.aspx

Lo has adivinado, es un enlace de afiliado. La diferencia es que la he probado yo mismo y funciona muy bien. Y si necesitas ayuda para comenzar a usarla, ya sabes cómo contactarme. Estaré encantado de ayudarte.

- **Finizens.** Si *Etoro* es una plataforma social para invertir destinada a gente dispuesta a dedicarle tiempo y tienes sus riesgos, en este caso te comento que existen opciones más tranquilas como *Finizens*. Se trata de un *robo advisor* que diversifica la inversión por ti. Es la mejor manera de obtener rentabilidad con el menor esfuerzo por tu parte.

Si estás pensando en invertir a largo plazo, diez o quince años como mínimo, esta es tu mejor opción. Dormirás más tranquilo y tu dinero trabajará para ti en automático.

**- WhatsApp Business.** Versión profesional de la popular aplicación de mensajería que te permite etiquetar a las personas y tratarlas de forma individual. También puedes crear respuestas predeterminadas. Sé que suena contradictorio con el mensaje de este libro, pero bien utilizada es realmente útil.

Las prestaciones que tienen potencia al máximo la posibilidad de mantener las conversaciones "uno a uno". Huye de la masa.

**- La gata de Schrödinger.** Canal de *Youtube* creado por Rocío Vidal en el que trata temas relacionados con la evidencia científica y sus "enemigos". No se corta en adentrarse en mundos "magufos" , ufólogos o visitar a *terraplanistas* para conocer, honestamente, su punto de vista. No te pierdas su rap homeopático y todo el contenido atrevido, distendido y riguroso que tiene en su canal.

También tiene charlas *TED*, apariciones en televisión y numerosas entrevistas gracias al éxito de su canal. Un ejemplo, de libro, de cómo hacer las cosas bien en las redes sociales. Hablando de libro. Publicará el suyo el 19/09/2019: "¡Que le den a la ciencia!". Me lo pido.

- **Víctor Küppers.** Una de las dos únicas personas famosas a las que pararía por la calle para saludarle. Es un Formador y Conferenciante con una brillante trayectoria… y sin necesidad de redes sociales virtuales.

De mayor quiero ser como él.

- **Jaime Altozano.** Un interesante *youtuber* que sabe mucho de música y analiza lo que no está escrito. O sí. En un pentagrama. Muy recomendable.

- **Sergio Peinado.** El entrenador personal que, virtualmente y de forma gratuita, me ha servido para mejorar mi forma física. Un fuertaco repleto de carisma que hace un gran trabajo.

- **Romuald Fons**. Es posible que no aguantes ni dos minutos viendo su canal de *Youtube*. Si lo resistes puede que te enganches. A pesar de las críticas sobre lo que infla los precios y lo arriba que se viene, es un animal comunicando y lo hace genial.

**- Pau Ninja**. Es la antítesis de lo que tiene que ser un *Youtuber*. Su canal es de temática "tuti frutti" pero me gusta mucho. En su página *web* tiene *posts* realmente interesantes. Merece que le eches un vistazo. También te digo que, aunque parezca que tiene una vida envidiable, la verdad es que me quedo con la mía.

**- Ranking de vende humos.** He mencionado en varias ocasiones que, cuando tú piensas alguna genialidad, es posible que alguien ya lo haya dicho o creado en internet. Esto sucede con este maravilloso ranking de *espemajitas*. No te lo pierdas:

https://quedateconelcambio.com/ranking-vendehumos

¿QUIERES VER CONTENIDOS ADICIONALES SOBRE *YNMG*?

Entra en: www.nachocaballero.com/ynmg

———————————————

## Contacto

**Nacho Caballero -** Formador especializado en StorySelling e Inteligencia Artificial

- **Teléfono**: 650 486 412 (devuelve llamadas perdidas)
- **Email**: hola@nachocaballero.com
- **Sitio web**: www.nachocaballero.com
- **LinkedIn**:

- **Gemelo Digital creado con IA**:

    https://www.nachocaballero.com/gemel odigital

## OTROS TÍTULOS DEL AUTOR

- APRENDIZAJES DE PELÍCULA PARA TU NEGOCIO (VOL.1) El primero de los libros en los que Nacho Caballero destila la Metodología StorySelling aplicada a algunas de sus películas favoritas. (publicado en 2024)

- DEL STORYTELLING AL STORYSELLING: El libro en el que Nacho Caballero pone las bases de cómo el Poder de las Historias, pueden ayudar a comunicar mejor lo que piensas y vender mejor lo que haces. (publicado en 2024)

- TU VIDA CUENTA. Un libro pensado para todas aquellas personas que, a través de sus decisiones, quieren recuperar el protagonismo de sus vida. Storytelling aplicado a tu vida para que consigas tus objetivos. (publicado en 2022)

- ESCUCHAR, DETECTAR, AYUDAR. Libro sobre el mundo de la empresa, el marketing y las ventas… a través de la experiencia profesional del autor durante treinta años. (publicado en 2021)

- CÓMO GESTIONAR E INVERTIR TU DINERO. Cuaderno práctico basado en uno de los capítulos de Pareja y Equipo. Un Spin Off en el que se profundiza sobre la mejora de nuestra relación con el dinero. (publicado en 2020)

- PAREJA Y EQUIPO. La secuela de NO SOY EL TÍPICO que te plantea, con humor, cuestiones repletas de amor.(publicado en 2020)

- YA NO ME GUSTA. La experiencia emocional de vivir seis meses sin redes sociales. (publicado en 2019)

- NO SOY EL TÍPICO. Una historia de amor, emprendimiento y conciliación a través del humor. (publicado en 2018)

- LUEGO DECÍS QUE DIGO. ¿Qué tienen en común todos los periódicos que se publican en nuestro país? (publicado en 2014)

"No podemos elegir el tiempo en el que nos ha tocado vivir, pero sí qué hacer con el que nos han dado"
(*Gandalf, El Señor de los Anillos. 2001* )

58 veces he mencionado la palabra TIEMPO en este libro.
Usa bien el tuyo.

**¿Conoces a alguien atrapado/a por las redes sociales? No lo dudes, <u>regálale este libro</u>.**